JN123983

読んで学ぶ・ワークで身につける

カウンセラー・対人援助職のための面接法入門

会話を「心理相談」にする
ナラティヴとソリューションの知恵

龍島秀広 著
Ryushima Hidehiro

遠見書房

まえがき

　30数年前，非行臨床で保護者の相談を受けはじめた頃，クライエントが言った言葉をそのままそっくり繰り返すとか，「あなたはそう思うんですね」とか，カウンセリングの面接で使われる定番の技法には，とても違和感があった。かといって，当時は，それを使わない面接をしようとも考えてはいなかった。カウンセリングとはそういうものなのだろうと思っていた。

　ところが，本書を書くにあたって自分の学んできたこと，教えてきたことを振り返り整理してみて，今の自分は，当時，違和感を感じた技法をほとんど使っていないことに改めて気づいた。そして，違和感を感じる技法を使わなくとも，クライエントと信頼関係をつくるというカウンセリングにとって大切なことができるということがはっきりわかった。

　ただ，表面的には定型的なカウンセリングの技法を使ってはいないが，面接の内容としては「共感的理解」その他のカウンセリングにとって必要とされている要素をしっかり含んでいることも確認できた。

　そのような面接方法になったのは，本書で書いたように，ソリューション・フォーカスト・アプローチとナラティヴ・セラピーを体験的に身につけようと学び，実践してきたためだろうと思う。もっとも，本書はこの2つの心理療法を身につけることを目的に書いたものではない。カウンセリングの基盤となるクライエントとの信頼関係をつくる技法を身につけ

る方法とそのためのワークを書いたものである。その技法が，この2つの心理療法にとても身につけやすい形で洗練されて含まれていたということである。

　その結果，この本に書かれているのは，心理療法の流派や対人支援の職種に関係なく，対象となる人と「会話」するなかで信頼関係を形成する姿勢・技法とその方法を身につけるためのワークとなった。

　心理的面接の入門を本書のようなワークで示した本は，これまでなかったと思う。私もはじめからこのような本を書こうと計画してはいなかった。ただ，研修会や学校で指導してきた面接の練習方法をまとめて書いてみようと思い書き進めるとこのような本になったのである。

　この本がカウンセラーのみならず多方面の対人支援職を含めて，心理的な面接の初心者やどうも面接があまり上手くいかないと感じている方々のお役に立てることを願っている。

目　次

まえがき　3

第1章
スタートの前に ………………………………………… 11

1 - 1　この本の対象………11
1 - 2　この本の特徴………12
　心理療法の手前にある心理面接の基本　12
1 - 3　この本の使い方………14

第2章
この本で身につけてもらいたいこと ………………… 17

2 - 1　4つの姿勢・技法………18
　①知らない姿勢（"not knowing"）18 ／②共感的理解
　20 ／③コンプリメント　22 ／④ TST（Topic Select
　Talk）23
2 - 2　ノン・バーバルなコミュニケーション………
　24
　①「脱力」について　24 ／②腰を据える　25 ／③腕組み
　25 ／④視線について　25 ／⑤身体的サイン，合いの手
　26 ／⑥カウンセラー自身のストレスマネジメント　26

第3章

コンプリメントのワーク……………………………　28

3－1　「大根」のコンプリメント………28

　大根：　28

3－2　「ちょっと困った人」のコンプリメント………
　30

3－3　「万引き」をほめる………31

　万引き：　31／不登校：　32

3－4　コンプリメントのワークについての補足
　………34

①コンプリメントの3つの種類　34／②効果的なコンプリメントについて　35／③コンプリメントが利かない場合　36／④コンプリメントの有効性　37／⑤コンプリメントのグループワーク　39

第4章

「TST」と「知らない姿勢」のワーク　……………　41

4－1　TSTと「知らない姿勢」のワークの仕方………
　42

4－2　TSTのやり方のヒント………43

①ルールを徹底すること　43／②新たな話題は持ち出さない　45／③例外的な使い方　45

4－3　TSTと「知らない姿勢」のワークの留意点
　………46

4－4　TSTの効果など………48

第 5 章

ワークのまとめ………………………………………… 50

　5 - 1　練習の続け方………50
　　①練習の際の心得　50 ／②コンプリメントについて
　51 ／③深める質問と広げる質問　53 ／④あれこれやっ
　てみること　53

　5 - 2　練習しているときに起きること………54

　5 - 3　実際に使ってみる………55

　5 - 4　研修会参加者・学生からの質問………56

　5 - 5　TST とコンプリメントを使った面接の事例
　………63
　　一般的と思われる初回面接　64 ／ TST とコンプリメン
　トを使った初回面接　67

第 6 章

役割で指導・助言しなければならない場合など…　73

　6 - 1　指導・助言すること………73

　6 - 2　「取り調べ」について………74

第 7 章

コミュニケーションに関する理論…………………　76

　7 - 1　「カウンセラーの中核条件」（ロジャーズ）
　………77

　7 - 2　ロジャーズとバイステック………80

　7 - 3　SFA とナラティヴ・セラピー………82
　　ソリューション・フォーカスト・アプローチ　82 ／ナラ
　ティヴ・セラピー　84

7－4　「コミュニケーションの公理（試案）」………86

7－5　「心理学的支配」と「学習性無力感」………90
①心理学的支配　90／②「学習性無力感」28　93

7－6　「DV のサイクル」について………95
①事件の背景　96／② DV のサイクル　96／③別れられないわけ　97

7－7　心理療法の効果要因について………98

おわりに　102
謝　辞　103
参考・引用文献　105

読んで学ぶ・
ワークで身につける

カウンセラー・対人援助職のための面接法入門

第1章

スタートの前に

1－1　この本の対象

　この本は，直接的には，臨床心理的な面接を身につけようとしている学部，大学院の学生のために書いたものである。ロールプレイや実習で面接をはじめる際，どうすればいいのかとまどっている初心者はどう練習すればよいのだろうか。それを書いてみたところ，この方法は，対象者と信頼関係を作る方法であり，心理職だけではなく，教育，福祉，医療などの職種に関係なく使えるものであると思われた。広く対人支援職をしていて面接がうまくいかないと感じている方々にもこの本を読んで試していただきたい。

　心理臨床ではいろいろな心理療法があり，それらを駆使するためには，ほとんどの場合，その療法の対象となる人と「会話」する必要がある。心理療法ではない対人支援でも，当然その対象者や対象者の周辺の人々と「会話」する必要がある。この本では，心理療法の流派や対人支援の職種に関係なく，対象となる人と「会話」するなかで信頼関係を形成する技法とその技法を身につけるためのワーク，さらに多少の理

論的背景を書いた。心理療法，対人支援を含む業務を志す大学生，大学院生や専門学校生，現在そのような職に就いている人に少しでもお役に立てばと願う。

1－2　この本の特徴

　心理的な面接の入門書であるが,「傾聴」「繰り返し」「いいかえ」「要約」「反映」……といった従来のカウンセリング技法とは異なった切り口からの技法のワークになっている。切り口は「ナラティヴ・セラピー」（以下「ナラティヴ」とも書く）と「ソリューション・フォーカスト・アプローチ」（以下「SFA」と略記）である。

　この本は面接の入門者がすぐに取り組めるワークを中心としたので，理論的な詳しい解説はしていないが，考え方，ワークの基礎にはこの2つがある。心理療法も対人支援も実際的な技術の部分が大きいので，ある程度理屈を押さえた上で，〈型を学ぶ〉的な練習をしながら理論の方も深めていくのが合理的と思っている。あまり理屈をこねまわさずとも，ここで示したワークを試してみると，その効果がただちに実感できるだろう。その上で理論を深め，さらに実践に生かすことをくり返して学んでいくことをお勧めする。

　心理療法の手前にある心理面接の基本

　多くの流派では，その流派に独自のやり方以外は，心理面接の方法を「技法」として組み込んではおらず，面接の当たり前の前提としていることが多い。特に「クライエントとどのように会話してその流派の技法を活用する関係を作っていくか」などということは，カウンセラー・セラピストならば

当然できるものとされていることが多い。これは，日本のカウンセラー・セラピスト教育と諸外国のカウンセラー・セラピスト教育とに大きな違いがあるためのように思う。

　諸外国では，特定の技法を学ぶ前に，クライエントとどのように面接して関係を作るかを学部の段階や大学院の最初の基礎教育で徹底的に叩き込まれるようだが，日本では，叩き込まれる前に特定の流派の技法の教育が行われているように思う。

　私自身は，約20年，SFAを使ってほとんどの心理的面接，支援をしてきている。また，SFAを身につけたり，深めるためにワークショップなどで学んだり，自分たちの勉強会でワークを繰り返すなどしてきた。さらに，研修会や大学，大学院などで教える立場でワークを行った経験もかなりある。その中で，SFAの基礎的方法としてとらえてきた技法が，実は，SFAに限らず他の心理療法や対人支援の面接でも使われていることに気がついた。

　SFAの考え方の基本は，「問題の原因と解決は無関係なので原因にはとらわれず解決を構築する」というところにある。しかし，解決を構築する道筋で使う技法は，「ミラクル・クエスチョン」「例外探し」などのSFA独自のものもあるが，それよりは，どの流派でもほとんど暗黙のうちに使っている心理療法の手前の技法をしっかり洗練させて使っているということに気づいたということである。

　本書のワークは，SFAの基本の考え方に縛られたワークではなく，どのような流派を志す人にも，あらゆる対人支援職を志す人にも必要な技術が身につけられるワークになっている。

　なお，SFAに興味のある人は，原典といってよい『解決の

ための面接技法　第4版』(金剛出版)[1]や私たちの勉強会で
書いた本『読んでわかる やって身につく　解決志向リハーサ
ルブック』(遠見書房)[2]などを参考にしてもらいたい。また,
SFA の考え方や技法には SFA と同じく家族療法から発展し
てきたナラティヴ・セラピーの考え方,技法も含まれている。
ナラティヴ・セラピーについて学びたい方は,参考文献に挙
げた本[3,4,5,11]にあたって欲しい。

1-3　この本の使い方

　この本で解説しワークで身につけてもらおうとしている面
接の姿勢・技法は,

　①知らない姿勢
　②共感的理解
　③コンプリメント
　④ Topic Select Talk (TST)

の4つだけである。この4つを身につけるためのワークを
2種類用意した。2種類のワークを練習すると「クライエン
トと会話し,関係を作る」ために何をすればよいか体感でき
るし,身にけるためにどうすればよいか理解できる。ワーク
の練習中に,先に述べた「傾聴」「繰り返し」……といった従
来言われているカウンセリングの諸技法を定型的なやり方と
は違ったやり方で使うようになっていることに気づくだろう。
　従来言われているカウンセリングの諸技法をこの本で述べ
る「姿勢」を伴わず定型的に使うと,クライエントにわざとら
しさや嫌味な感じを抱かせてしまう場合がある。例えば,「傾

聴」の技術としてクライエントの言葉をそのまま繰り返すとか，「共感」「受容」しようとして「あなたはそう感じたのですね」などの定型的な言葉で表面的に受け止めるなどの手法は，かなり経験のあるカウンセラーや対人援助職でも「癖」として身についていると，クライエントに「いかにも『カウンセラー』っぽいな」というような違和感を与えてしまうことがある。この本で述べる「姿勢」が身についていれば，「姿勢」に伴ってごく自然の流れでこれらの諸技法を表現するようになるので，クライエントに違和感を与えることはほぼなくなる。

　本書の構成としては，基本的な考え方，ワークと練習方法を紹介し，そのあと，人のコミュニケーションに関する理論などについて少し付け加えた。

　短い本なので，まずは全体を通して読んでいただきたいが，そのいとまがない人は，とりあえず，

　・2章「この本で身につけてもらいたいこと」

　で，考え方にサラッと目を通し，

　・3－1　「大根」のコンプリメント
　・3－2　「ちょっと困った人」のコンプリメント
　・3－3　「万引き」をほめる

　の3つのワークをやってみて，第4章「『TST』と『知らない姿勢』のワーク」の中から，

　・4－1　TSTと「知らない姿勢」ワークの仕方

・4－2　TST のやり方のヒント

と，第5章「ワークのまとめ」の，

・5－1　練習の続け方

　を読んで欲しい。読むのが苦手な方でも 1～2 時間程度で何をどのように練習すればよいかを理解できて，ワークを始めることができるだろう。

　ワークは単純なのですぐ取り組めるだろうが，最初からうまくいくとは限らない。まずはやってみて，その後じっくり全体を読んで留意点などに気をつけて練習を続けてほしい。
　以下，本書では支援する人を「カウンセラー」，支援を受ける人を「クライエント」と記載する。職種によって適宜読み替えてもらいたい。

第2章

この本で身につけてもらいたいこと

　簡潔に言い切れば，この本で身につけてもらいたいのはすべての心理療法，対人支援の基盤になるクライエントから「安心してもらえる」「心を許しても大丈夫と感じてもらえる」「多少なりとも自分のことをカウンセラーに話してもいいと思ってもらえる」ような「信頼関係」を作るための面接法である。

　ただし，この「信頼関係」は，クライエントに「カウンセラーは指導・助言してくれる専門家で特別な人」などと感じてもらうものではなく，「この人（カウンセラー）は，警戒しなくても普通に会話できる人だな」と感じてもらうものである。身につけてもらいたいのは，そうできる姿勢・技法である。

　この信頼関係形成がカウンセラーにとって重要であることは，心理療法の効果について前世紀の半ばから約80年にわたり続いている「心理療法における効果要因」ついての研究（論争，紛議？）で明らかになっている。この研究では，どの流派の心理療法でも必要なカウンセラーとクライエントの信頼関係や治療への協力などの「共通要因」と，各流派で独自の理論・技法などの「特定要因」のどちらが治療に効果的かということが主に論じられてきている。完全に決着がついているわけではないが，近年では「共通要因」は重要な役割を

果たしており，問題（症状）によっては「特定要因」が大きな効果を持つことがほぼ共通認識になっている。

　その結果，現在では，いわゆる「折衷的心理療法」とか「統合的心理療法」とよばれる「共通要因」を基盤としてクライエントの問題（症状）に合わせた療法を行うという考え方，方法が有力となっている。

　本書で強調したいのは，「共通要因」に含まれるクライエントとの信頼関係を作るための面接をまずは行おう，ということである（詳しく知りたい方は「7－7　心理療法の効果要因について」にて後述する）。

2－1　4つの姿勢・技法

　クライエントと信頼関係を作るために必要な姿勢・技法は，前章で述べたように，①知らない姿勢，②共感的理解，③コンプリメント，④ Topic Select Talk（TST）の4つである。以下，順に説明する。

①知らない姿勢（"not knowing"）[3]

　クライエントの抱えている問題やクライエント自身については「クライエントが専門家」なので「知らない姿勢」で教えてもらう態度で聞いていく。ちなみに，カウンセラーは心理臨床や各種対人支援の専門家である。

「知らない姿勢」とは？

　ナラティヴ・セラピー [4,5] に由来する考え方，方法である。ナラティヴ・セラピーの詳細については参考文献にあたっていただきたいが，医療分野を含めて対人援助のさまざまな分

野に影響が広がっている考え方，方法である。

　「知らない姿勢」は，ナラティヴの重要な考え方，方法で，クライエントの問題，考えていること，気持ち，生育歴，生活・家族関係……などは，聞いてみなければわからないという当たり前と言えば当たり前の姿勢のことである。カウンセラー自身の過剰な自負を戒める姿勢であるが，専門家ならば素人にはわからないことでもわかるのではないかというクライエントの期待も心理面接の場には存在する。

　知らない姿勢は，河合隼雄先生[6]が「一般の人は人の心がすぐわかると思っておられるが，人の心がいかにわからないかということを，確信をもって知っているところが，専門家の特徴である」と書いていることと共通している。私たちは，専門的知識はあるが，その人についてはわからないのであることを自戒せねばならない。本当にわからないので，カウンセラーは知らないフリをするのではなく，本当に知らないと充分に自覚して，教えてもらうという態度（ワン・ダウン）でクライエントの話を聞く必要がある。

［クライエントが専門家］

　クライエントが抱える問題は，どんな問題でも「個別・特殊」なので，クライエント自身が専門家である。カウンセラーは「問題一般」の専門家に過ぎない。問題一般の専門家であることはきわめて重要だが，どうあがいても問題の当事者のクライエントではないので，その問題についてその詳細を知りようがない。そう自覚し，クライエントの話すことを徹底的に尊重することが重要である。

②共感的理解

　クライエントと良好な関係ができる前は，どのような問題（話）なのかについて，概要を聞くにとどめ，深く突っ込まない。それよりは，クライエントの「思考と気持ち」を興味と好奇心を持って共感的に「理解」しようとすることに努める。

「問題」は概要を聞くにとどめる

　問題の概要を聞くというのは，カウンセラーが「ああそういう問題なんだ」と大づかみできる程度に聞くということである。深く突っ込みすぎるとクライエントの（まだ）話しにくい「問題」を根掘り葉掘り聞きだそうとすることになりやすく，警戒感を抱かせることにつながる。また，カウンセラーの拠って立つ理論に当てはめてクライエントの話を聞いてしまうことにもなる。そうなると，クライエントは自分の話を聞いてもらえないと感じる。クライエントの問題をアセスメントしたり対応していくのは，クライエントとの信頼関係がほぼできた次の段階からでよい。

　ただし，クライエントが自ら積極的に「問題」について話す場合はどんな話であれ聞いた方がいい。その際には，緊急に対応しなければならない内容でなければ，聞きすぎない配慮が必要である。できる限り質問は控えてクライエントの話すに任せる。

　また，場合によっては話題を変更する質問をしてみる。初心者の場合この判断は難しいので，判断に迷う時は「概要」を聞けたと思ったら，それ以降は話題を変更する方がいい。ただし，話題の変更を試みても，元に戻ってしまう場合は，話し足りないということなので話がひと段落するまで聞く。

「思考と気持ち」を共感的に理解する

　クライエントのものの見方，考え方，感じ方，気持ちなどに興味・関心を持つことが大切である。興味や関心を持った上で，その事柄について質問し，（共感的に）理解しようとすること。注意が必要なのは，クライエントと信頼関係を作るこの会話では，クライエントの問題，相談事がどういう原因，理由で発生しているのかを探るのではなく，クライエントのものの見方，考え方，感じ方，気持ちなどを理解する会話をすることである。

「共感的理解」の重要な留意点 [7]

　「共感的理解」は，C・R・ロジャーズに由来する概念，姿勢だが，単に「共感」と表現されたりして，誤解されていることも多いので要注意である。「共感的理解」は，クライエントの行動，言うこと，考え，気持ちに同意，賛同，肯定することではない。あくまでも「共感的」な態度で「理解」することである。

　例えば，カウンセラーが，頭の中で「すごいこと言うなあ」「そういう考え方もあるのか」「強烈な感情だなあ」などと思った時，その驚きなどを素直に，「そうなんですか」「そうだったんですね」「それは大変ですね」などと受けることである。

　ここでは，いわゆるカウンセリングの技法とされている「繰り返し」とか，「あなたはそう思ったのですね」などの表面的な定型句は使わない方がいい。「知らない姿勢」と「共感的な態度で理解」する姿勢をしっかり持って，その上で感じたことを素直に表現する方がいい。自分自身の個性に合う「しっくりくる言葉」を探してほしい。そして，それがどんなに常識外れ，奇異，異常，反道徳的，犯罪的なことであっても同

意，賛同，肯定しようというのではなく，クライエントの考えていること，思っていること，抱えている事情を「理解」しようと最大限の努力をすることである。

　カウンセラーの姿勢，態度としては，専門知識，常識，道徳とか倫理とかはちょっと横に置いて，クライエントの語り（物語）を興味と関心をもって聞く感じが適切だろう。

　「物語」と思うととても興味深い話を聞いている感じになり，クライエントの話が聞きやすくなる。ただし，共感的態度・姿勢を忘れてはいけない。そうすることで，クライエントに「わかってもらえた」「理解してもらえた」と感じてもらうことが極めて重要である。クライエントがそう感じたらカウンセラーと良い関係ができる可能性が高い。

　道徳的，倫理的な判断や，病的か否か，著しい偏りがあるなどの判断は，その判断をする必要があるならば，クライエントの話を聞いて信頼関係を作ってからにする（第6章「役割で指導・助言しなければならない場合など」を参照）。

　③コンプリメント

　クライエントとの会話では，「コンプリメント」（ほめる，ねぎらう，認める）できるところを探すことに注力し，可能な場合はコンプリメントを伝える。

　「コンプリメント（compliment）」は，SFAにある考え方，方法である。直訳すれば「ほめる，称賛する，お世辞を言う」などということだが，SFAでは単に「ほめる」という意味だけではなく，クライエントの存在を理解し尊重する見方を探し，見つけることを意識している。なお，「お世辞」は絶対にダメである。

　常識外の考え，行動をしているクライエントで，ほめると

ころがまったくないと感じる場合もあるが，それでもコンプリメントできるところを必死に探す。後述の「ネガポジ変換」「万引きをほめる」などを使えば，必ず見つかる。

④ TST（Topic Select Talk）

クライエントへの質問を，常にクライエントが話した話題，言葉から作る技法のことである。ただし，質問攻めにするのではなく，クライエントが話したいことを話せるように会話を続けることを目的としている。

クライエントが話したこと（話題，言葉）から質問を作って話を聞くことを繰り返し，クライエントが話したことを深めたり，広げたりする。このやり方に慣れないうちは「話題」よりも，クライエントの言った「言葉」から質問を作るようにした方がやりやすい。方法としては単純だが，この方法で会話するためには，カウンセラーはクライエントの話をしっかり聞く必要がある。

TST という用語は私の造語である。ただ，このやり方自体は，多少の違いはあるが，SFA のみならず[8]，ロジャーズ以後どの流派でも当たり前のように（無自覚で？）使われている。

以上の４つの姿勢・技法でクライエントと会話することで，クライエントに，このカウンセラーは私の話を聞いてくれている，私の話を理解しようとしてくれている，と感じてもらえる可能性が高まる。そして，いわゆる傾聴，共感的理解，クライエントに「寄り添う」など対人支援の基本にもとづいた面接になる。結果，クライエントと信頼関係を作ることができる。これだけでクライエントの問題が解決することも少な

くないし，各心理療法への足場にもなる。無論，アドバイスなども受け入れてもらえる素地になるだろう。

　上手なカウンセラーは，この①から④の方法をすべてか，あるいは一部を使用しているだろう。とはいえ，実のところ，超ベテランのカウンセラーでも完璧にできるなんてことはほとんどないし，心理的支援に関してまったくの素人でもできてしまうこともある。ただ，プロであれば一定水準以上のことができるようになっておく必要がある。

2−2　ノン・バーバルなコミュニケーション

　本書ではノン・バーバルなコミュニケーションについてはほとんど述べていない。

　その重要性について軽視しているわけではない。本書の姿勢・技法をきちんと身につけることに加えて，以下の点に配慮すれば，ノン・バーバルなコミュニケーションはほぼ自然にできるようになるだろう。

　①「脱力」について

　入門者，初心者は，いざ「面接」となると，緊張して体に力が入ってしまいやすい。それも，力が入っていることに気づいていないことが多い。その緊張感は黙っていてもクライエントに伝わる。そういう事態を避けるために，事前に，体に力が入っている感覚と力が抜けている感覚を体験しておくとよい。

　力を入れてみないと抜けた感覚はわからない。座った姿勢（立った姿勢でも可）で肩から腕にかけて思いっきり力を入れてみる。数秒その体勢を維持してから力を抜いて，腕を振っ

たり，肩を上下させてみる。これを数回繰り返して「力が入った状態」「脱力した状態」の感覚を覚えておく。この「力が入った状態」「脱力した状態」の身体感覚がわかれば，面接の最中に力が入ってることに気づきやすいし，肩を少し上下するだけでも「脱力」できるようになる。

②腰を据える

カウンセラー，クライエントのどちらについても，身体が相手から引いている（いわゆる腰が引けている）ときは，自覚していなくとも相手を避ける気持ちが強くなっている。もし，カウンセラーがそうなっている場合は，意識的に身体をクライエントに向けて少し前に出す。少し肩を上下して脱力してみる。

③腕組み

腕組みしてしまうのも「腰が引けている」とほぼ同じなので，カウンセラーは最初から腕組みしない習慣をつける。トリッキーなやり方だが，クライエントの前で腕組みをしておいてそれを解く動作を見せることで「あなたのことを受け入れるよ」とサインを送る方法もないわけではない。

④視線について

よく，クライエントの目を見て話すように指導されるが，人によっては視線を合わせることが苦手な人もいる（特に日本人には多い？）。そういう場合は，クライエントの額，鼻の頭，口などを見るとよい。また，人にもよるが視線が強い（いわゆる目力がある）人も，そうした方がクライエントに圧力を感じさせないで済む。

⑤身体的サイン，合いの手

　クライエントの話を聞いて，うなずくなどの〈ちゃんと聞いている〉と身体的サインを送ったり，「そう」「ウン」「へぇー」などの合いの手を入れる。ただし，習慣的にそのような動作をするのは避けなければならない。あくまでクライエントの話をよく聞いていて，である。本書の姿勢・技法を徹底すれば，このようなサイン，合いの手は意識してしなくても適切なところで自然に出るようになる。

⑥カウンセラー自身のストレスマネジメント

　面接時のクライエントとのコミュニケーションとは少々異なるが，カウンセラー自身のストレスマネジメントも極めて重要で，クライエントとのコミュニケーションに大きな影響を与える。そのため，日常的なストレスマネジメントは必須である。

　やってスッキリすることをするのが基本である。カラオケで歌ってスッキリとか，絵を描いてスッキリとか，走ってスッキリとか……でまったく構わないが，そうでなくともよい。

　条件として，１）自分を傷つけないこと，２）他者を傷つけないこと，３）法律に違反しないこと。この３条件をクリアできることならば，他者に知られたくないことであっても構わない。知られないようにすればよいし，いささか非道徳的であってもそれでスッキリするならばよい。例えば，サンドバックに嫌な上司の似顔絵を張り付けて思いっきり叩くとか，それでスッキリするならば OK とする。ただし，そんなことをしている自分に自己嫌悪を感じるならばしてはいけない。アパートで大声を出せないのだが，お風呂で湯船のお湯

を抜いてその中に入り蓋をすると大声を出しても外に聞こえないことから，湯船の中で思いっきり大声を出して，そのうち寝入ってしまうという人がいた。

　なお，クライエントがノンバーバル・コミュニケーションにおいて②③の状態のときは，まだよい関係ができていないサインである。クライエントが②③の状態から「身体が前に出てくる」「腕組みが解ける」などの変化を示したら，よい関係になって来ているサインである。

第3章

コンプリメントのワーク

　姿勢・技法は4つだが，ワークは2種類である。この章で「コンプリメント」のワーク，第4章で「TSTと知らない姿勢」のワークを示す。「共感的理解」については，この2種類のワークに含まれている。2種類のワークは「共感的理解」を実現するためのワークということでもある。

3-1　「大根」のコンプリメント

①野菜の「大根」のよいところをできるだけ多く書き出す。
②例えば「真っ白できれい」とか，もうこれ以上思いつかなくなるまで書き出す。5つ以上をめざす。

　以下に，勉強会などでの回答を例示すが，見る前に必ず自分で書き出してみてほしい。

　大根：

・真っ白できれい
・長持ちする
・生で食べられる
・葉も実も全部食べられる

- 育ちが早い
- おろしがうまい
- おでんに最高
- 煮ても焼いても食べられる
- 子どもにも嫌われない
- 手触りがいい
- 刺し身のツマによい
- いろんな料理に使える
- ユニークな形のものがある
- ニシン漬けに必須
- 安い
- 部位によって味がちがう
- 花がかわいい
- ビタミンCとジアスターゼが多い
- 「DAIKON」は世界共通語
- 工作に使える
- 育てやすい
- 葉っぱを炒めるとおいしい
- みずみずしくていい
- (畑での）大根抜きが楽しい
- 絵に描いても美しい
- 歯ごたえがいい
- いっぱい食べても太らない
- 安心感，安定感がある食べ物
- 大根＋はちみつで咳止めになる
- 皮がむきやすい
- 胃腸にいい
- 漬物がおいしい

・なますに必須
・サラダがうまい
・肉を柔らかくする

　このワークは，ものごとを多面的に見る，考える練習である。

3－2　「ちょっと困った人」のコンプリメント

①これまでに出会った人でちょっと困った人をひとり思い
　出す。
②その人のよいところを探して（思い出して），書き出す。
　どんなにささいなことでも頑張って探して5つ程度は書
　く。
※例えば，「気の短い怒りっぽい人」は「自分の考えを持っ
　ている」「自己主張ができる」，「忘れ物が多い人」は「一
　つのことに集中する力がある」などと，ネガティブなと
　ころをポジティブに捉えなおしてみる。これは「ものご
　との枠組を変えて眺めてみる手法」で「リフレーミング」
　と呼ばれている。特に，ネガティブなところをポジティ
　ブにとらえなおす場合を略して「ネガポジ変換」と言っ
　たりする。
③頑張って②を終えたら，①の時に思い出したその人への
　印象と，今の印象を比べて，それも書き出す。

　どうだったろう，その人への感じ方，見方に何か変化が
あっただろうか？
　このワークは，コンプリメントできるところを探すワーク

であるとともに，人，もの，ことを多面的にとらえて共感的「理解」をするための練習でもある。

3 - 3 「万引き」をほめる

「万引き」は犯罪である。「万引き」したことをほめてはいけない。万引きできた「能力」「才能」について考えてみるワークである。

①「万引き」するために必要な「能力」「才能」とはどんなものか考えてリストアップする。例えば「観察力」「器用」とか。
②「万引き」の他に「不登校」についても，それができる「能力」「才能」をリストアップしてみる。
③できたリストを眺めてみる。

以下に，研修などのグループワークで行った「万引き」と「不登校」についてのリストを示すが，見る前に，必ず，自分でも考えてみてもらいたい。

以下に回答例を示すが，「正答」ではない。あくまで例である。

万引き：

・観察力がある
・ものおじしない
・足が速い
・状況判断力がある

・自分の欲求に正直である
・粘り強い
・楽天的
・仲間から信頼されている
・欲しいものを絶対に手に入れるという強い気持ちがある
・計画性がある
・今できることを後回しにしない
・リスクマネジメントができる
・仲間思い（断らない）
・器用さがある
・忍耐力がある
・生活力がある
・モチベーションが高い
・自分のしたいことをする
・義侠心がある
・言い訳をする言語能力がある
・図太さがある
・鈍感力がある
・人を見る目がある
・大胆な行動力がある

不登校：

・大人に屈しない力がある
・家で楽しめる力がある
・真面目
・自分の意思を通す
・退屈にならない
・孤独に耐える力がある

・根気強い
・熱中する
・鈍感力がある
・忍耐力がある
・やさしい（外への暴力がない）
・考える力がある
・みんながしていることをしない勇気がある
・マイペース
・自己防衛力がある
・ゲームが上手
・自己実現しようとする力がある
・家族への愛情が強い
・居心地が良い場所を見つける力がある
・我慢強い
・行動力がある
・感受性が強い
・自分の限界を知っているので無理をしない
・バーチャルな世界に没頭できる
・人に流されない
・こだわりがある

　リストを見てどうだろう。そうとも言えるな，いろんな見方，考え方があるなど感じてもらえただろうか。問題があると言われる人であっても，このワークのように考えてみると，いろいろな力がある可能性に気づくと思う。個別のケースによっては当てはまらない項目もあるかもしれないし，この他にもまだまだあり得る。

　実際の面接では，クライエントの話を聞きながら，ここに

示したやり方を使うなどしてコンプリメントできそうなところを探す。このやり方，姿勢で聞いていることが，クライエントを多面的に（共感的に）理解することにつながる。探したところをクライエントに伝えることは必須ではない。言葉で伝えなくともそういう姿勢で聞いていることは伝わる。加えて，言葉で伝えて，それがクライエントに「フィット」して「心に響く」とクライエントとの良好な関係形成がより容易に可能になる。

3 - 4　コンプリメントのワークについての補足

①コンプリメントの３つの種類[9]

直接的コンプリメント

　普通にそのままほめること。言葉だけでなく，表情（目を見張る），相づち（ヘー，ホウ，ヤッター），動作（拍手，OK サイン）などの非言語的方法でも表現できる。

間接的コンプリメント

　重要である。質問の形で「どうやったんですか？」「どうしてそんなことができたのですか？」「そのためにどんな工夫や努力をしたんですか？」など。クライエントが答える中で自ら成し遂げたことに気づくような質問をする。

セルフ・コンプリメント

　クライエントが自ら気づいて自分をほめる「失敗から学んだからもう繰り返さない」「私の強さってこういうところなんだ」「自分でも成長したなと思います」など。カウンセラーと

会話することでこのような気づきに至るとクライエントとカウンセラーとの関係は良好なものとなる可能性が高い。

　直接的コンプリメントと間接的コンプリメントはセットで使うことを意識した方がいい。例えば「〇〇してるっておっしゃっていましたね。それってなかなかできることではないですよね（※直接）。どうしてそういうことができたんですか？（※間接)」など。そうすることで，クライエントに自分の言動を確認してもらい，自分ができていたことをはっきり自覚して自信をもってもらうことも可能になる。

　なお，この質問は，クライエントが考えたこともない質問だったりする場合が多く，「わからない」との答えが返ってきたり，少し考えてから答えたりする。少し待っても答えが返ってこなかったり，「わからない」とかの返答の場合は「少し難しいですか？　ちょっと考えてみてください」などと言ってみて，それでも回答がない時はそれ以上の深掘りはしない方がよい。

　②効果的なコンプリメントについて

　コンプリメントには，カウンセラーがクライエントの話を充分に傾聴していることや，クライエントの考え，気持ちを理解しようとしていることを伝える効果がある。その結果，クライエントと良好な関係を作ることが可能になる。

　ただ，お世辞や通り一遍のほめ言葉では効き目がない。その人に「フィット」した「心に響く」ほめ方をする必要がある。そのためには，その人の話を耳をダンボのようにしてきちんと聞いて，目を皿のようにしてしっかり観察しなければならない。そして，

　　カウンセラー自身が本当にいいな，素敵だなと思うところ
　　を指摘する

のでなければ，お世辞と受け取られてしまいかねない。また，

　　クライエントの具体的な行動，話したことを指摘する

こともポイントである。クライエントの少々長い苦労話を
聞いて「それは誰でもできることではないですね。頑張った
んですね」など抽象的にコンプリメントしてもあまりフィッ
トしない。「10回も学校へ行ったり，教育委員会にも2回，自
分で調べて○○にも相談に行ったんですね。そこまでできる
人はなかなかいないと思いますよ。どうしてそこまでできた
んですか？」などと具体的な言動を指摘してコンプリメント
することで，クライエントの気づきが促される。
　無理にコンプリメントすると「フィット」しないことが多
いが，基本的な姿勢としてクライエントを本気でほめていれ
ば，関係が悪化することはほとんどない。

　③コンプリメントが利かない場合

　コンプリメントしているつもりでもクライエントが急に話
さなくなったり，不快な表情をすることがある。そういう場
合は，コンプリメントがフィットしておらず，受け入れにく
いのかもしれない。
　コンプリメントがフィットしていなかったり，受け入れに
くい場合は，お世辞と受け取っているか，クライエント自身

が自分のそういうところを自覚している場合が多い。「お世辞は嫌だ」「そんなことわかってるよ」ということである。お世辞だとわかっていても，コンプリメントされてうれしく感じる場合もあるが，クライエントによっては，お世辞が嫌いだったり，「わかっているけど，そんなところをほめられても……」と思う場合もある。そうなるとフィットしない。

　そういう表情や言動が感じられた場合は，「私（カウンセラー）は，そう思うよ」とつけ加えて，それ以上，そのコンプリメントには触れない方がいい。別のコンプリメントを探す。

　お世辞を嫌がっているのでなければ，強いショック状態にあったり，深刻な対人不信に陥っていたり，自死を思い詰めている，など大変な事情を抱えているクライエントにこのようなケースが多いように思う。そういうクライエントには，大変な事情を抱えていながらなんとか生活しているということ自体をコンプリメントの対象にすることもできる。

　「そんな大変な状態なのに，どうやって日々を過ごしているんですか？」とコンプリメントしてみてもよい（SFAにおけるコーピング・クエスチョンという）が，コンプリメントしてみても，なかなかフィットしないクライエントには，無理してコンプリメントを続けるよりは，知らない姿勢で共感的理解を心がけて話を聞き続ける方がよい。

　④コンプリメントの有効性

　コンプリメントは，どの流派の心理療法においても多くの対人援助職にとってもクライエントとの関係を作る際に極めて効果的な技法である。SFAでは技法として深化，洗練させているのだが，多くの心理療法や対人援助ではおそらく意識せずに使っている。

　例えば，ナラティヴ・セラピーの基本文献といわれている S・マクナミー＆K・J・ガーゲン編集の『ナラティヴ・セラピー』5 やハーレン・アンダーソンの『会話・言語・そして可能性』11 のどちらにも掲載されているハリー・グーリシャンの「商船の乗組員ラース」の事例においても，ラースがハリー・グーリシャンが亡くなったと担当の精神科医師から伝えられた際にハリーのことについて「彼は私を信じてくれたんだよ，でもね，彼のある言葉がとても大きかったんだ。…（中略）…ハリーはぼくにこう言ったんだ『男としてすべきことを君はしたんだよ』。この一言がぼくには響いた。でね，今でもそう言っている時のハリーの顔がよく思い浮かぶんだ」と話したという記載（アンダーソンの著書 11）がある。

　グーリシャンやアンダーソン，ナラティヴ・セラピーでは「コンプリメント」とは言っていないと思うが，SFA の見方では，これはとてもうまくフィットしたコンプリメントである。

　また，精神分析の神田橋條治先生も『精神療法面接のコツ』12 で，ブリーフセラピーの黒沢幸子先生も『指導援助に役立つ　スクールカウンセリング・ワークブック』13 で，先に示した「万引きをほめる」と同じ手法でクライエントの「能力」「才能」を見つけたり，コンプリメントする方法を書いている。

　また，あるワークショップで催眠療法のベテランの先生が「催眠の専門家と言っても面接でいつも催眠を使っているわけではなく，感覚的にはコンプリメントがとても有効と感じている。過去のクライエントと偶然会うことがあると，先生に○○と言われたのがすごく助かったなどと感謝される。その○○は，いつもコンプリメントしたことだった。クライエントにとってコンプリメントは強く印象に残るし，長く支え

になると実感している」と語っていた。私自身も同様の体験
をしている。

　さらに，「万引き」をほめるワークを研修会で行った際，あ
る現職教員が「昔担当した万引きを繰り返していた子どもの
能力，才能と考えてみたら，当時は手に負えなく対応に疲れ
果てていたが，あの子にもいろんな力があったんだなあと思
えた」と話していたことが強く印象に残っている。

　⑤コンプリメントのグループワーク

　コンプリメントの練習として下記のようなグループワーク
が効果的である。機会があればぜひやってみて欲しい。

「万引きをほめる」のグループワーク

　先に示した「万引きをほめる」ワークを数人から多人数で
してみる。「順番にひとり一つ，まだ出ていない能力，才能を
考えてください。もし思いつかない場合はパスも OK です」
として，回答が出なくなるまで，参加者が 100 人を超える研
修会でしたこともある。やってみると，自分だけでは思いつ
かないコンプリメントがいくつも出てくる。友人，知人，勉
強仲間，同僚などとやってみるのもとてもいい。

コンプリメント・シャワー

　3 人以上 4, 5 人程度でのグループワーク。一人がクライエ
ント役，もう一人がカウンセラー役で，残りの人は観察者役。
　クライエント役が自身（や身近な人）の欠点，困っている
ところなどをカウンセラー役に話す。カウンセラー役はその
話を聞いて気になるところとかを質問してクライエント役の
訴えの概要を理解する。5 分程度聞いたら，クライエント役

はカウンセラー役，観察者役に背を向ける。

　カウンセラー役，観察者役は，クライエント役の背中に向けて，今聞いたクライエントの話からコンプリメントできるところを探して話す。ワークなので，少々無理かなというコンプリメントでも言ってみる。

　コンプリメントが出尽きるまでクライエント役は振り向くことも話すことも禁止。出尽くしたらクライエント役はみんなの方へ振り向いて自身の感想を含め全員でシェアリングする。全員がクライエント役とカウンセラー役をして終了。

　このワークは，ほめられるとうれしいことを体験してもらうことと，どこを，何を，どうやってほめるか工夫することを体験してもらうワークである。

　ほめるところがなかなか見つからない場合もある。グループの中に，見つけるのが上手だったり，自分とは異なる観点で見つける人がいたりする。そういう人のやり方を見習ったり，やり方を聞いてみたりするといい。そういうことを繰り返すことで，自身のコンプリメント力を鍛えることができる。

第4章

「TST」と「知らない姿勢」のワーク

　「TST」はクライエントが話した「話題」「言葉」のみから質問を作って会話を続けるという単純な方法である。「知らない姿勢」は，先にのべたようにナラティヴ・セラピーに由来する，端的に言えば「他人の考えている，感じていることはわからない」と自覚してクライエントの話すことを徹底的に尊重する姿勢である。そして，クライエントの話の流れに沿いつつ，クライエントの話すことを共感的に理解しようとする心構えで質問をして会話を続けていく。

　いずれも話し相手がいることを前提にしているので，一人ワークはできない。身近な友人，親族，勉強仲間，同僚などにワークの相手になってもらうのがいいだろう。

　ワークを始める前に「ちょっと会話の仕方のワークをするので相手になって欲しい」などと相手の了解を得ておく方がいいと思うが，相手との関係によっては了解を得ずにやってみて，後で，ワークの相手になってもらったことを話しても構わないだろう。くれぐれも相手を傷つけたり失礼になるようなことはしないように充分配慮してほしい。

　なお，このワークでは，カウンセラー側が「質問」してクライエント側が「答える」ことになる。その際，クライエント側が質問の答えを考えている間，「待つ」ことを忘れてはい

けない。また，クライエントが話し始めたら，その話が終わるまで，次の質問を控えて「待つ」ことも重要である。

4-1　TSTと「知らない姿勢」のワークの仕方

①ワークをする了解を得た場合は，例えば「小さな頃に大切にしていた物とかある？」とか，相手の持ち物などについて「その筆入れ（Tシャツ，靴，バッグ……），素敵だね。どこで手に入れたの？」など質問して始める
②ワークをする事前了解を得ていない場合は，会話の途中からTSTを始める
③ワークはどこで終わっても構わない

　TSTを始めたら，それ以降は，必ず，相手の話した話題，言葉から質問を作って会話を続ける。やり方に慣れるまでは，クライエントの言った「言葉」から質問を作るようにした方がやりやすい。相手を質問攻めにするのではなく，できるだけオープン・クエスチョン（「はい」「いいえ」で答えられる質問ではなく，例えば，「プレゼントしてくれたおばあちゃんってどんな人だったの？」「そのお店ってどこにあるの？」「どんな雰囲気のお店？」など，回答者がいろいろに答えられる質問）を使って，クライエントが自分から話し出すように質問を工夫し，クライエントの話したことを深めたり，広げたりする。ワークでTSTをする場合は，何か問題とかクライエントが話したいことがあるわけではないので，相手が話しやすいと思われる話題，言葉を拾って会話をつづける。次項の「4-2　TSTのやり方のヒント」を参考にしてほしい。

4-2　TSTのやり方のヒント

　TSTのルールは単純だが，最初はこのルール通りに質問を作ることが難しいこともある。

　例えば，BさんがA君（小3）の好きなことを聞いている場面，

- （ア）　B：スーパーマリオ，買ってもらったんだって？
- （イ）　A君：母さんがパチンコで5万円勝ったんだ。それで買ってくれた。
- （ウ）　B：何面クリアしたの？
- （エ）　A君：まだ全部クリアしてないよ。
- （オ）　B：何時間もやるとお腹が空いてくるけど昼とかどうしてるの。
- （カ）　A君：兄ちゃんがコンビニでデカ盛りヤキソバを買ってくるけど，兄ちゃんは2個も食べるんだよ。食いしん坊なんだ……。

　Bさんは「A君は話はしてくれましたが，どのように話を聞き，A君の発言の中から話をふくらましてつなげたらいいのか，難しさを感じました」と感想を述べ，うまく会話できなかったと感じていた。

　どうすればよいのか？　TSTのルールを徹底すればよい。

　①ルールを徹底すること

　TSTでは相手の話した話題（言葉）を拾ってそれについて聞く。例えば（ウ）の「何面クリアしたの？」という質問は，

A君の話しやすそうな話題と考えて質問していると思われる。しかし，A君の話した話題，言葉を拾っての質問ではなくルールに従っていない。

　A君は，（イ）で「お母さん」「パチンコ」「5万円勝った」「買ってもらった」などと話しているので，TSTのルールに従えばその中から選んで質問することになる。「お母さん，パチンコ得意なのかな。他にもお母さんが得意なものある？」「お母さんが買ってくれたんだ。他にも何か買ってもらったの？」「お母さんパチンコ好きなの？」「5万円ってすごいね。いつもそれくらい勝つの？」など。

　（オ）の「何時間もやるとお腹が空いてくるけど昼とかどうしてるの？」という質問も，A君の話していることから離れてこちらの聞きたいことを質問している。ここでは（エ）の「まだ全部クリアしてないよ」を受けて「どこまでクリアしたの？」または（イ）でA君が話したことから選んで質問してもいいだろう。

　それでもA君は（カ）で「兄ちゃん」「コンビニ」「デカ盛りヤキソバ」「2個も食べる」「食いしん坊」などいっぱい話題を提供してくれたので，次は，それらから選んで聞くとよい。

　最初のうちは，相手の言った「言葉」を使って質問を作るとよいだろう。直前に話した話題や言葉から拾うだけではなく，時にはしばらく前にA君が話した内容から話題や言葉を拾って聞いても構わない。いずれにせよ，A君が話したことのみに耳を傾け，その話題，言葉を拾う。そうすることでA君の話しやすい質問ができる可能性が高くなる。また，そうすることによってA君はBさんが話を聞いてくれていると確認でき，気持ちよく質問に答えてくれ話が進む可能性が高ま

る。

もっとも，何を聞こうかとばかり考えていると話の流れを見失うことがある。そうならないためには練習と慣れが必要である。

②新たな話題は持ち出さない

上記のように，（ウ），（オ）では，Bさんは「何面クリア」「お腹がすいてくる」「お昼とかどうしている」という，A君の話した話題，言葉から外れたことやA君が話していない新たな話題を持ち出している。絶対に新たな話題を聞いてはいけないということではないが，それまで出ていない新たな話題を持ち出すと，Bさんが聞き出したいことを聞くという流れになってしまいがちで，A君が話したいことが話せなくなってしまうことが多い。

TST に慣れないうちは，相手の話しやすいだろう話題で質問しているつもりで，ほとんど自覚せずに自身の想定した面接の流れに沿う質問をしてしまう。この点は，十分に気をつけなければならない。あくまで，クライエントの話した話題，言葉を拾うのが TST のやり方である。

③例外的な使い方

TST は，やり方によっては，例えば，A君の家庭状況をあまり無理のない流れで聞き出すことも可能かもしれない。

「お母さんパチンコ好きなの？」という質問は，「ウン，毎日行ってるよ」「毎日行ってるって，どうしてわかるの？」「家に帰ってお母さんいなくて，おやつもないとパチンコ屋かなと思って行くと，たいていいて小遣いもらえる」などという流れにすることも可能である。

「コンビニって近くにあるの？」「ウン」「A君もお兄ちゃんと一緒にコンビニ行くの？」「いや，お兄ちゃんと行くと欲しいもの買ってくれないから，ひとりで行く」「えー，ひとりで行けるんだ。欲しいものって何？」「ポテトチップスとか唐揚げとか……」という流れもありうる。

また，家族構成について「お兄ちゃんいるんだ。他にもきょうだいいるの？」「お姉ちゃんとお兄ちゃんと俺の3人」「お父さんは？」（この質問は「新たな話題」とも言えるが，家族の話の流れで聞いている）など。

しかし，このような TST の使い方は，②で書いたように「聞き出し」になってしまうので多用は避けた方がいい。TST は，クライエントに「話せた」と感じてもらい，信頼関係を作るための雑談的な会話の仕方と考えた方がいい。何かを聞き出そうとするものではない。うまく雑談を続けられることが非常に重要で，雑談は無駄話ではない。相手との信頼関係を作る方法として極めて有効である。

4 - 3　TST と「知らない姿勢」のワークの留意点

TST では，ルールに従っていればいいので，最初にスタートした話題（思い出の品物など）にこだわる必要はない。「思い出の品物」の話から「大好きだったおばあちゃんのこと」「幼馴染のこと」「最近はまっている趣味のこと」「今朝の朝食のこと」……など，他の話題に広がって（移って）いってもまったく構わない。クライエントが話すことに沿っていくことで，スムーズな会話になる。

重要な留意点は，相手の話していることについて常に「知らない姿勢で，興味・関心」を持ち続けることである。例え

ば，「大切にしていた物」の話題で，「ガンダムの模型」「キティちゃんのぬいぐるみ」とかの話が出てきて，自分もそれが好きだったりよく知っていたりしたとしても，この会話では，自分にとってのガンダム，キティちゃんの思い出，知識などの話をするのではない。あくまで，相手にとってのガンダム，キティちゃんの話を興味・関心を持って聞く。ただし，「知らないふり」をしてはいけない。例えば相手から「ガンダムって見たことある？」など聞かれたら「見てたよ。面白かったね」などきちんと答える。ただし，それ以上自分の話はせずに，相手への質問を続け，相手の話を聞く。

　相手の持ち物，身につけている物などから会話をスタートした時など，知らない姿勢で聞いていくと，それらの物は「親に半強制的に着させられたＴシャツ」「自分が気に入ってお金を貯めて購入したブローチ」「親が選んだ（自分で選んだ）筆入れ，鉛筆，消しゴム」……など相手の生活，感性を現わしていることに驚くことが多い。そこのところは，日常の会話とは大きく異なる。あくまで相手の話を聞く会話方法の練習である。

　あと，ＴＳＴの際には，相手の言葉遣いを尊重することも重要である。クライエントが「お父さん」と言ったら，こちらも「お父さん」と言う。「パパ」などと言ってはいけない。小さな，細かな言葉遣いの背景には，どんなに幼い人であってもその人が生きて来た世界がある。それを尊重することが共感的理解につながる。

　知らない姿勢でのＴＳＴの会話のワークをした後には，可能な限り，相手の感想を聞く。普段の会話と感じ的に違うところがあればその点をよく聞いてみるとよいだろう。

4－4　TSTの効果など

　家族相手にワークをしたとか，実習などで使ってみた学生からは「弟とは話すたびに喧嘩になっていたのにこのワークをしてみたら普通に話ができるようになって驚いた」「あまりうまくできたとは思わなかったが驚くほどクライエントが話してくれた」などという報告がある。

　学生にTSTのワークをしてもらった時，その学生は彼女を相手にTSTをしてみたと報告してくれた。彼女は「今日，どうしたの？　ちょっと変だよ。いつもと違ってちゃんと話を聞いてくれる」と言ったという。本人としては，TSTのワークなので，彼女の話をきちんと聞こうというよりは，彼女が話した話題，言葉から質問をつくって会話しようと一生懸命だったのに，彼女は，そんな彼の態度，姿勢から「今日は，話を聞いてくれる」と感じたということである。確かに，彼は傾聴しようとの自覚は乏しかっただろうが，彼女の話をいつもよりは熱心に聞いていたと思われ，それが彼女に伝わったのだろう。

　また，別の学生は，普段あまり話さない同じ寮の友人とお風呂で一緒になったとき，その友人が野球好きなことを知っていたので，野球の話題から始めてTSTで会話してみたら，友人がどんどん話してくれて盛り上がったが，自分としては野球はあまり興味，関心がなかったので，話を聞くのが辛かったという。TSTは相手が話したいことを話せるように聞く技術なので，彼は成功している。辛いというのは，カウンセリングでクライエントの話を聞くときにもそういうことがあって当然のことだろう。カウンセリングでの会話は，友だち

と楽しく会話するのとはまったく異なる会話なのである。

第5章

ワークのまとめ

5-1　練習の続け方

　以上,「コンプリメント」のワーク,「TST と知らない姿勢」のワークを別々に示した。この2つをやってみた後は, 両方のワークを合わせて, 友人, 親族, 勉強仲間, 同僚などと会話の練習を続けてほしい。

　①練習の際の心得

　練習の際には,

・知らない姿勢で TST とコンプリメント。
・興味・関心と共感的理解を忘れない。

と, 念頭に置いて(念じながら?)やってみるといいだろう。

　これは,

　1)コンプリメントするところを探しながらクライエントの話を聞く。

2）クライエントの話したことから選んで質問を作る
　（TST）。
3）「知らない姿勢」でクライエントの話に「興味・関心」
　を持つ。
4）共感的「理解」を忘れない。

　ということで，いずれも，クライエントの話をしっかり聞
き様子を観察する必要がある。「コンプリメント」「TST」を
意識することで，クライエントの話を聞かなくちゃなどと意
識せずとも，いわゆる「傾聴」が自然にできる。さらに，ク
ライエントにいわゆる「共感的理解」をしようとしているこ
とを感じてもらいやすくなる。

　②コンプリメントについて

　1）は，相手をさまざまな角度から（共感的に）理解しよ
うとすることでもある。そういう姿勢がクライエントに伝わ
ることが大切なので，見つけたコンプリメントを直ぐに伝え
なければならないわけではない。すぐに伝えても，後になっ
てから「さっき，……と言ってたよね。それって素敵なこと
だと思うよ。どうしてそういうことができたの？」などと伝
えても構わない。また，まったく伝えないでいても構わない。
　ただ，経験的には，コンプリメントを伝えてフィットすると
会話がうまく進行し，信頼関係が形成され深化していく。ツ
ボにはまったようにフィットした時，クライエントの表情が
明るく，快活になって，驚くほど話すようになることがまれ
ではない。

オープン・クエスチョンとクローズド・クエスチョン

2）でなにを質問するかは，カウンセラーのキャラクターによっても，クライエントの反応によっても異なる。クライエントに話したいことを話してもらうことが大原則。さらに，クライエントの「思考，気持ち」を（共感的に）理解しようとするための質問を心がける。そのためにクライエントの話している様子をよく観察する（自分から話しているか？　表情はどうか？）。

できるだけオープン・クエスチョンを使う方が，クライエントが自分で話すことを選べる範囲が広がるのでよい。ただし，場合によってはクローズド・クエスチョンを使わざる得ない状況とか，使った方がいい場合もある。特に，幼児や年少者，ショック状態にある人などでは「Aですか？　Bですか？」「Cですか？」など，かなり限定したクローズド・クエスチョンを使わなければならない場合もある。その後，「A」との返答に「Aがいいと思ったのはどうして？」とオープン・クエスチョンを使う流れにもできる。オープン，クローズド両方を状況に合わせて使い分けるということである。

オープン・クエスチョンは，ごく簡単には「それで？」「それから？」「○○○って？」「それ（○○○）についてもう少し詳しく教えて」など，合いの手のような質問でもまったく構わない。クローズド・クエスチョンは，多くの場合クライエントが「はい」「いいえ」の2択で回答できる質問だが，その変形版として「A？　B？　C？……」などと3つ以上の選択肢を並べる方法もある。

日常会話でクローズド・クエスチョンを多用する癖がある人は意外と多い。ものごとをはっきりさせたい人だろうと思う。それは，日常生活では悪いことではない。ただ，クライ

エントと信頼関係を作る会話ではあまり良い方に作用しない。そういう癖があると思う人は，日常会話で気をつけてオープン・クエスチョンを使う練習をするとよい。そう難しくなく使えるようになる。

　③深める質問と広げる質問

　オープン・クエスチョン，クローズド・クエスチョンの他に，もうひとつ会話の流れを左右する質問がある。「それから？」と「他には？」である。「それから？」は，今話題にしていることを深めて聞いていく質問で，「他には？」は，今話題にしていることから広げていく質問である。「それから？」「他には？」以外の言葉遣いで構わないが，今話している話題を縦に深めるか横へ広げるかということは意識した方が質問を作りやすい。

　④あれこれやってみること

　「共感的理解」に関して，場合によってはクライエントが「共感的」に話を聞いてもらっているとは感じていない様子の場合もある。そういう時は「共感的」に話を聞けているかどうかクライエントの反応を見て判断する必要がある。「共感的」に聞けていないと感じる場合は，「この話を続けていいですか？」などと率直に聞いてみたり，質問を控えるとか逆に積極的に質問するとかなんでもよいのでやり方を変えてみる。それでもダメな場合もあるが……後日聞いてみると，疲れ果てて元気がなかっただけでちゃんと話を聞いてもらえていると感じていたなどと話してくれる場合もある。カウンセラーはできる限りの努力をすることが大切である。

5－2　練習しているときに起きること

　慣れないうちは，緊張して，TST で何を聞くか，どこをコンプリメントするかなど技術的なことに気を取られたり，自分の会話の普段の癖が出たりしてあまり上手くいかないことも多い。しかし，それでも普段の会話とは違った流れで会話をしている自分に気づくだろう。また，ワークの相手をしてくれた人に聞いてみると「緊張していると思ったが，話を聞いてくれてると感じて話しやすかった」「ほめてくれてちょっと気恥ずかしかったけど嫌ではなかった」「話しているうちに新しい自分を発見できた」などの感想を話してくれて，意外とうまくいっていたのかとわかることも多い。また，ワークとしてやったのに普段の自分の会話とあまり違わず違和感なくできて「普段からやっていたんだと気づいた」という人もいる。

　「カウンセリングのワーク」などと意識すると，緊張するためか，言葉遣いが普段とまったく違ってしまう場合がある。このワークは，会話の内容と流れを意識するものなので，言葉遣いを変える必要はない。ワークの相手をしてくれる人に対して普段使っている言葉遣いで会話するようにした方がいい。

　ここで述べた練習を繰り返していると，自身が面接で何をしているか自覚できるようになる。また，面接の流れを理解することもできるようになる。どこが上手くできたか，上手くいかなかったか，もわかるようになるので，どこをどのようにすればよいのかも自分で判断できるようになる。

5−3　実際に使ってみる

　友人，親族，勉強仲間，同僚などとの日常会話での練習を続けてみて，多少なりともできるようになったと感じたら，部分的にでも実際の場面で使ってみる。最初から上手くいくとは限らないが，それまでとはクライエントの反応が違うと感じるだろう。

　あとは，「4つの姿勢・技法」を踏まえたうえで，自分なりにやりやすいやり方を工夫してほしい。この本の考え方，ワークから入って最終的には自身のやり方を見つけてほしい。面接での会話でクライエントと信頼関係をつくるには，経験が必要だし，いくら経験を積み重ねたベテランでも常にうまくいくとは限らない。毎回，できる限り誠実に努力をするとともに，毎回，面接を振り返って次回に備える。そのような姿勢が面接力を維持，向上させる。

　ここで述べた会話法で，クライエントと信頼関係ができれば，それぞれのカウンセラーの流儀での心理療法，支援に移行すればいい。SFAやナラティヴ・セラピーはもちろん，他のブリーフセラピー，家族療法，認知行動療法，パーソンセンタード・アプローチ（来談者中心療法），分析的なアプローチなど，どのような療法にでも移行できるだろう。オープンダイアローグでの会話にもこの姿勢・技法で参加することが可能だろう。

　また，この会話法そのままでもクライエント自身で問題を整理できたりとか，自ら問題に対処していけるようになる場合もある。

5－4　研修会参加者・学生からの質問

研修会や授業で，参加者，学生からあった質問と回答のいくつかを示す。これまでに書いたことと重複する部分もあるが，練習をしていく際の参考になると思う。

Q　コンプリメントするところをどう探すか？（その1）

コンプリメントするためには，一般的なものの見方だけでなく，別の視点からのものの見方が重要になると感じたのですが，普段から気をつけていることなどはありますか？

Ａコンプリメントを使い始めたころは，クライエントの話すことで「嫌だな，好きじゃないな，腹立つな」など感じることがあったら，ネガポジ変換，万引きをほめるなどを頭の中でやってみていた。ただ，自分だけの発想だと限界がある。勉強会などで他の人のコンプリメントの仕方を見聞きして自分なりに取り入れたりもした。

慣れてくると，あまり考えずともコンプリメントできるところを探せるようになった。が，今でも面接のたびに必死に探しているし，面接事例，テレビやネットで上手なコンプリメントを見つけたりしている。

Q　コンプリメントするところをどう探すか？（その2）

クライエントのコンプリメントできるところを探すためにどのような質問をすればいいか考えながら話を聞いていますか？　クライエントの言葉を使って返すために，言葉を拾うだけで精一杯になってしまうのですが，余裕を持つためには

やはり経験が重要なのでしょうか？

$\mathbf{A}$　慣れが必要なことは確かである。「ほめるところを探すためにどのような質問をすればいいか」と考えることは，悪いことではない。自身の面接を振り返ると私も考えている。「ここを聞いてみるとコンプリメントできるかも」などと思い質問してみることもある。それがうまくいくこともあるし，ハズレの時もある。

　ただ，その前に，まず，クライエントが話したことの中にコンプリメントするところはないか，と探している。ネガポジできないか，万引きをほめるが使えないか，リフレームして見方・考え方を変えてみたらどうか……クライエントの言葉を使って質問して，クライエントの話（回答）を聞いてそこから探すのが先である。

Q　コンプリメントすることでの悪影響について

　コンプリメントすることがかえって，相手の問題行動についての認識を正当化させたり，その行動を強化することにつながりませんか？

$\mathbf{A}$　こちらの言葉を曲解する人はいるし，コミュニケーションは誤解の連続なので，そういうことが絶対ないとは言えない。ただ，経験的にはそういうことはあまり起きない。どういうことかと言うと，問題行動はダメだということを前提にコンプリメントするからである。さんざん問題行動をダメだと言われ続けてきたクライエントを相手にして，「それはダメだよね。でも，そういう行動をしたってことは○○ということでもあるよね」と万引きできた能力をほめたり，ネ

ガポジしたり，リフレームしたりするからである。問題行動をほめているのではないとはっきりさせた上で，その行動の別の側面をコンプリメントする。そこのところははっきり意識している。

　単純化した例として，しつけと称し「いいつけを守らないから」と3，4歳の子どもを激しく殴る親に対して，「例えばどんないいつけを守らないの？」「食事の時，食べ物をこぼしたり，食べ終わっても食器をかたづけないとか……」「お行儀のよいお子さんになってほしいと思っていらっしゃるんですね。それは親としていい子になってほしいと強く思っていらっしゃるということですね。そこまでお子さんのことを考えていらっしゃるんですね。そういう気持ちは親として当然だと思います」と，まず，コンプリメントする。このコンプリメントが多少なりともフィットした感じだったら，「ただ，殴るっていうのはどうでしょう？」「自分も親にそうやってしつけられてきた」「そうですか，ただ，今の時代そういうしつけは，虐待っていうことになって，非難されちゃいますよね。でも，よい子どもになって欲しいという強いお気持ちは痛いほどわかります。なら，今の時代，殴るのではなくてどういう方法がよいか一緒に考えませんか？」

Q　わざとらしくないコンプリメントをするには？

　コンプリメントが，「おだてたり，わざとらしく」ならないために気をつけていることはありますか？（私は普段からリアクションが少しわざとらしいと言われてしまいます）

　Ａ　わざとらしいリアクションがダメということはない。クライエントの反応，様子を観察してリアクションを

少し控えめにする必要がある場合もあるが，クライエントが好感している可能性もある。

コンプリメントの原則は，クライエントの言動の中からカウンセラーが本当にいい，素敵だなどと思うことを探してほめることである。そう思えるところを必死に探さなければならない。また，「▽▽したってことは○○ですね」「△△とおっしゃったのは，○○ということですね」など，クライエントのしていること，言ったことに基づいてほめるので，クライエントは，十分に納得するかどうかはわからないが「確かに，そういわれればそうだなあ」と思わざるを得なくなる。そうなると，クライエントがわざとらしいと感じることはあまりない。

Q　「問題は概要を聞く」について

問題は概要を聞くにとどめるという部分のカウンセラーが「ああそういう問題なんだ」と大づかみできる程度に聞くという程度がまだわかっていません（ロールプレイで苦労しています）。「なるほど，だからか」と腑に落ちる感覚は，信頼関係を築いた上で，話を聴いていく中で見えてくるものなのでしょうか。また，ここは面接の最初の段階で必ず押さえるという情報があるのか聞きたいです。（何か聞かないといけないというほどではないけれども，ここを押さえたらスムーズに話が進むといったようなことがあったら知りたいです。）

A　面接の最初は「関係作り」が最も重要なので，「問題」について詳しく聞くよりは，クライエントとの信頼関係を作る会話を最優先にする。そのため，例えば，挨拶に続いて，会話の流れ次第で，天気の話でもクライエントの持ち

物の話でもクライエントの仕事，趣味の話などをしてもまったく構わない。

　もっとも，クライエントは相談に来ているので，その「問題」の話になることは多い。そのため，「問題」の話でもその他の話でも TST で会話し，コンプリメントできるところはどこだ？　と，コンプリメントできそうなところを探す会話を続けて可能ならばコンプリメントする。そういう会話を続けて信頼関係を作る。

　ということで「問題の概要」を聞くとは，問題について深掘りしないということである。例えば「子どもの不登校」「DV問題」「うつ状態」「依存の問題」など問題のタイトル（？）を聞き，原因とか理由とかを深掘りせず「いつごろから登校できていないのですか？」「どんな暴力ですか？」「うつ状態になってどのくらい経つのですか？」「飲酒量はどのくらいですか？」など「事実関係」を聞くにとどめるでもよい。

　TST ＆コンプリメントの会話を続ける過程で問題について「どういうこと？」「よくわからない話だなぁ」「ここもう少し詳しく聞きたいな」などと湧き上がってくる疑問は，覚えておくかメモするなどして，聞く必要があれば，信頼関係が多少なりともできた（と，思えた）後で「先ほど○○とおっしゃっていましたが……」と突っ込んで「腑に落ちる」まで聞くとよい。そういう風に突っ込んで聞いた時，多少なりとも答えてくれる関係を作るのが面接の最初にすることである。

　冒頭で聞いてみるとよいのは「その問題にどう対応して来たか」である。問題の詳細を聞かなくてもこの質問は可能である。そして，これまで，どう対応して来たかを聞くと，ほとんどの場合，コンプリメントできることを発見できる。も

っとも，嫌々来ているクライエントにそれを聞くわけにはいかないかもしれない。その場合は，どういう経緯で，今，面接に来ているのかを聞いて，嫌々でも来てくれている事情を共感的に理解しようと努める。例えば「来るのは嫌だったけど，お母さんがあまりに心配するので来たということですね。すごくやさしいのですね」などコンプリメントし「きてくれてありがとう」などと来てくれたことに感謝を伝える。

　図式的に言えば，

挨拶
↓↓
TST で会話をはじめる。最初は「問題」ではなく，趣味，仕事などの話題で会話するのがよいが，多くの場合「問題」が話題になってしまう。その場合は「問題」について深掘りしない
↓↓
常にコンプリメントできるところを探して可能ならコンプリメントする
↓↓
会話が続き，ある程度クライエントとの信頼関係ができてきたと感じたら本題に入る

というような流れである。

Q　共感的理解について

　共感的理解ができているかどうか，もしくは，話を聴いてもらえているとクライエントが感じていることを直接確かめる，ということをしても良いのでしょうか？　その場合，カ

ウンセラーの態度が変わってしまうことになり逆効果になることはないのでしょうか？

　A クライエントの話しを聞けてないかもしれないと思った時「今，○○のことをお話ししていますが，この話しを続けていいですか？　それとも他にお話ししたいことがありますか？」などと聞くことは結構ある。この質問の仕方でクライエントとの関係が悪化することはまずない。

Q　共感できない

　クライエントが「自分だったら到底そうは思わない」と感じる話をする場合，どう対応しますか？

　A 原則は，可能な限り〈知らない姿勢で，共感的に「理解」〉しようと努めることである。クライエントが「自分（カウンセラー）だったらそうは思わない」ことを話すことはよくある。カウンセラーはそういう人の話を聞くのが仕事なんだなと思うばかりである。そういう場合は，その人の体験の「物語」を聞く感じで，「共感」的姿勢で「理解」に重点を置いた聞き方をするのがよいと思う。その上で，前述の虐待する保護者にしたような「万引きをほめる」を使うことを考える。

　また，第7章で取り上げたような心理学のさまざまな理論を勉強しておき，特異な心理についての理解を深めておくことで「そういうこともあるだろうな」と思えるようになっておくことも重要である。

Q　話に圧倒されてしまう

　自分の経験したことの無いような（過酷な）話に圧倒されてしまった場合，素直に圧倒されてしまっても良いのでしょうか？

Ａ　驚き，圧倒されて気持ちが揺さぶられている「自分を感じること」はよいことである。ただ，もし，カウンセラー自身の知識や経験では理解不能で，驚き，圧倒されてパニックになってしまうなどというのはまずい。経験が浅い場合，もし，そういう風になりそうだったり，なっているようなら，今は，クライエントのその話を深く聞くことを回避した方がいい。その話は後日聞くことにして，区切りのいいところで話題を切り替えた方がいい。

Q　解決策，アドバイスを欲しがる

　クライエントが，カウンセリングはなにか良い解決策を教えてもらう場（問題をなんとかしてくれる場）だと思っている人だった場合，どう説明していますか？

Ａ　カウンセラーの知っている理論，通説（要は一般論）を当たり障りのない程度にごく簡単に話して「ただ，これは一般論なので，あなたの場合がそれに当てはまるかどうかわかりません。なので，あなたの状況を詳しく教えてください」など返答して質問を続ける。

5－5　TSTとコンプリメントを使った面接の事例

　一般的と思われる初回面接とTST，コンプリメントを使っ

た初回面接を同じケースに行った場合の違いを例示する。

　多くの面接事例から創作した面接例であり，一般的面接およびTST，コンプリメントを使った面接のいずれについても，この例示の面接法が正しいということではない。

　一般的と思われる面接では，初回面接なので，クライエントの気持ちに配慮しつつ相談の問題についてアセスメントをするための情報収集をしている。TST，コンプリメントを使った面接では，問題に関する情報収集ではなく，クライエントと信頼関係を作ることに重点を置いている。

　事例は，中1の息子の暴力で妻が大怪我をして入院してしまったことで，夫が民間の相談室へ来訪したものである。以下，Cがカウンセラー，Clがクライエント。

　一般的と思われる初回面接

　C：こんにちは，私は，□□です。○○さんですね。今日
　　は，どんなご相談でいらしたのですか？
　Cl：実は，中1の息子のことなんですが，1週間前の夕方
　　なんですが，家庭内暴力っていうんですか，私の帰宅前
　　に，息子が暴れてバットを振り回し，妻が足を複雑骨折
　　して入院してしまったのです。びっくりして，このまま
　　では妻や私も殴り殺されるんじゃないか，なんてことま
　　で考えてしまうようになって，ご相談にうかがいました。
　C：そうですか。それは，大変な状況ですね。どうしてそ
　　んなことになったのか，詳しくお話ししていただけます
　　か？
　Cl；私は，仕事が忙しくて，子どものことは全部，妻に任
　　せていたので，お恥ずかしいことに，詳しいことはよく

わからないのですが，妻に聞いたところ，以前から息子がスマホを欲しいと言っていて，妻は高校生になるまで駄目だと言っていたらしいんです。その日，友だちがスマホを買ってもらったらしく，また，息子がしつこく買って欲しいと言って，妻が，絶対駄目と拒否したところ，突然，暴れ出して，近くにあったバットを振り回して避けきれなかった妻の右足に当たったということらしいのです。

C：避けきれなくて当たってしまったのですね。失礼ですが，ご家族のご様子を知りたいので，家族構成とかご職業とか，お話できる範囲で結構ですので，お教えいただけますか？①

①クライアントの話を受け入れつつ家庭状況などについての情報を得ようとする質問。

Cl：はい，妻と息子と三人家族です。他に家族はいません。妻も私も東京の大学を出ています。妻は専業主婦で，私は，車関係の全国チェーンの会社で，全国各地を転勤して，現在は，○○店の店長をしています。妻も私も□□の方の出身なので，こちらには親族等まったくいません。妻も私も□□出身なんですが，あちらでは，なんていうんですか，まだ，男は外で働いて，妻は家で家事，子育て，という感じがあって，私たちも，なんとなくそんな感じで生活して来たのですが，それがいけなかったのでしょうか？

C：さあ，いろいろなケースがありますから，詳しくお話を聞かなくては何ともいえません。今回，息子さんがバ

ットでお母さんを叩いたということですが，これまでも，そんなことはあったのですか？②

②クライエントの質問を保留して，問題のアセスメントを行うための情報を聞いている。

Cl：バットで叩くというのは初めてだと思うのですが，今回，妻にいろいろ聞いたところ，昨年ですから小学校6年の初めころから，妻の言うことを聞かなくなり，強く言うと，暴れて妻を蹴ったり，叩くようなことがあったようです。

C：そうですか。お父さんに対してはどうですか？

Cl：叩いたり，反抗したりとか，まったく，ないです。

C：そうですか。お母さんへの暴力は，小6のころから最近までに，かなりひどくなっていたのですか？

Cl：えー……私がいるところでは，まったく，そんなことはなかったのですが……。今回，妻に聞いてわかったんですが，バットを持ったのはなかったということなんですが，何か自分の思い通りにならないことがあると，足蹴りしたり，叩いたりとか，だんだんひどくなっていたらしいです。妻は，まったく，そんなことを言ってませんでしたし，私も，出張とかもあって，仕事が忙しく，帰宅も遅いことが多くて，妻や息子と会話が足りなかったのかなと反省しています。

C：息子さんは，小さな頃，ちょっと気になるところとかありませんでしたか？

Cl：……特には……，息子は小さなころから大人しい子で，私や妻に反抗するようなことは，ほとんどなかったです

し……。

C：そうですか。でも，たまたま当たりどころが悪かった
　という可能性もないわけではないですが，お父さんもお
　っしゃるように，お母さんをバットで叩いて複雑骨折さ
　せるというような大変な事態になったわけですから，こ
　れまで，どこか，ちょっとしたことでも，気なるところ
　とか，お気づきになることはありませんでしたか？　多
　くの家庭内暴力の場合，親が大けがをするようなことに
　なるまでには，小さなころからからちょっと手のかかる
　お子さんだったとか，親子関係の行き違いの積み重ねと
　か，いろいろあることが多いのですが，お子さんの場合，
　どうでしたか？③

③子どもの生育状況について，言葉遣いに配慮しつつかなり突
　っ込んで質問している。

Cl：いやぁ……私のいるところでは，特に……，子どものこ
　とは妻に任せていたものですから，ほどんどわからなか
　ったです。そういう私がいけなかったのでしょうか……，
　もしかして，最近よく聞く発達障害とかあったのでしょ
　うか……，もう，どこか施設へ入れるとか考えなくては
　ならないような状態なんでしょうか？

TST とコンプリメントを使った初回面接

C：こんにちは，私は，□□です。○○さんですね。今日
　は，どんなご相談でいらしたのですか？④

④ここでは，相談内容を聞く質問から始めているが，「お天気」，

「クライエントの服装，腕時計などの持ち物」「クライエントの職業」……など，相談とは無関係の話から始めてもまったく構わない。ただし，その質問へのクライエントの返答に対してTSTを使う。そうすると，多くの場合，会話を続けているうちにクライエントから相談内容を話し始める。

Cl：実は，中1の息子のことなんですが，1週間前の夕方なんですが，家庭内暴力っていうんですか，私の帰宅前に，息子が暴れてバットを振り回し，妻が足を複雑骨折して入院してしまったのです。びっくりして，このままでは妻や私も殴り殺されるんじゃないか，なんてことまで考えてしまうようになって，ご相談にうかがいました。

C：そうですか。それは，それは大変なことで，よくご相談にいらしてくださいました⑤。もう少し，詳しくお話していただけますか？

⑤少しコンプリメント。相談に来訪したこと自体が問題に対処しようとする意欲を示しているととらえて，そこをコンプリメント。

Cl：私は，仕事が忙しくて，子どものことは全部，妻に任せていたので，お恥ずかしいことに，詳しいことはよくわからないのですが，妻に聞いたところ，以前から息子がスマホを欲しいと言っていて，妻は高校生になるまで駄目だと言っていたらしいんです。その日，友だちがスマホを買ってもらったらしく，また，息子がしつこく買って欲しいと言って，妻が，絶対駄目と拒否したところ，突然，暴れ出して，近くにあったバットを振り回して避

けきれなった妻の右足に当たったということらしいので
す。

C：そうですか，今日，○○さんは，私どものところへ，息
　　子さんの暴力ということでご相談にいらしたわけですね。

Cl：はい。

C：○○さんは，この相談所へどのような経緯で来ること
　　にしたのですか？⑥

⑥来訪したことについて突っ込んで聞いている。来訪した経緯
　を聞くことで，さらにコンプリメントできるところを見つけ
　られることがよくある。

Cl：こんなことになったのはつい1週間前ですがどこに相
　　談すればよいかわからなったのですが，ネットで調べて
　　みたら「家庭内暴力」の相談もしてくれるというこの相
　　談所があったので，予約して，仕事を何とか都合して半
　　日お休みをもらって来ました。

C：この相談所のことは，ご自分でお調べになったんです
　　か？⑦

Cl：はい。

C：そして，ご自分で電話して予約されたんですか？⑦

⑦ここから，TST＆コンプリメントを使った会話を始めている。
　ただ，コンプリメントできるかもしれないと思われたクライ
　エントの行動を確認するため，この2つの質問はクローズド・
　クエスチョンになっている。

Cl：はい，実は，妻も私も□□出身で，こちらには，相談
　　できる親族とか，知人もほとんどいないですし，こんな

ことになって，正直，びっくりしてしまい，私とか妻の
子育てがどこかまずかったのじゃないかとか，最近よく
聞く発達障害っていうんですか，そういうのがあるのか
とか，と思って，どこかに相談できる専門家はいないか
とインターネットで探してみたら，ここが見つかったの
で，お電話したら，相談に乗ってくれるということだっ
たので，来ました。

C：○○さん，それは，スゴイですね。ご自分で探されて，
ご自分で電話して予約して，お仕事も忙しいのに，お休
みを取っていらしたわけですね。それに，発達障害とか
いろいろとお調べになったようですね。それだけ，○○
さんは，今回のことで，息子さんや奥さんのことを心配
されて，なんとかしたいと強く思っていらっしゃるので
すね。他に，何かされたことはありますか？⑧

⑧クライエントの具体的な行動を指摘してコンプリメントし，
　「他には」と話題を広げる質問をしている。

Cl：はぁ……入院中の妻とあれこれ，どうしてこんなこと
になったのか話したり，考えたりはしてますが……どう
してかは妻もわからないようで……。

C：ご入院中の奥様と，どうしてこんなことになったのか
とか，ご一緒に，お考えになったりしているのですね。他
には，何かされていますか？

Cl：他にねえ……今，息子と二人なので，私が食事を作っ
ているのですが，その時とか，いろいろと聞いてみよう
と思って，少しは聞いているのですが，なにせ，息子の
ことは妻任せだったので，どういう風に話しかけたらい

いものか，皆目見当がつかなくて困っています。

C：○○さんがお食事を作っているのですか？⑨　お仕事，
とてもお忙しいんですよね。

⑨クライエントが話した「食事作り」の話題をとらえて質問を
続けている（TST）。

Cl：いや，今は，仕事が忙しいとか言ってられないですし，
なるべく早く帰って，息子と一緒に食事をするようにし
ています。息子がご飯を炊いておいてくれるので，私が
カレーを作ったりして，食べてます。朝は，前日の夜に
炊いたご飯をお茶漬けとか，温めて納豆とか生卵と漬物
とかで食べてます。朝は一緒に家を出て，帰りは息子は，
クラブとかしておらず，帰宅が早いので，前日の夜と朝
に使った食器とか洗って，ご飯を炊いて，私の帰宅を待
ってます。

C：あれ！　息子さん，まだ中1ですよね。自分でご飯炊
けるんですね！　食器洗いとかもするんですか！⑩

⑩コンプリメントである。

Cl：私もそんなことできるとは思っていなかったんです
が，妻が入院した後，自分でご飯を炊くと言い出して「で
きるのか？」と聞いたら「できる」と言ったので，やら
せてみたら，ちゃんとできました。妻に聞いたら，息子
は，料理が好きなようで，自分からいろいろ教えてくれ
と言って妻に教えてもらっていたようです。食器の片付
けなんかも，妻と一緒にやっていたみたいです。そうい

えば，昨日の夜は，レタスとキュウリだけだったですけ
ど，サラダを作ってましたね。

C：そうですか！　お話をうかがっていると，息子さんと
　　奥さんは一緒に料理とかするんですね。奥さんが入院し
　　てからは，お父さんとも一緒に，料理するようになった
　　んですね。なにか，バットでお母さんを叩いた息子さん
　　とは，かなり違う印象ですね。

Cl：そうですね。

　この会話では，息子の暴力の話から，息子を心配して自身
で相談所を探し，電話して予約を取り，仕事を休んで訪問し
たことをコンプリメントしている。さらに，TST の流れで，
相談とは無関係と思われる息子が料理をする話になって，自
分で料理する息子をコンプリメントしている。クライエント
の話したことに沿って TST を続けることで，相談の問題とは
あまり関係のない会話になっているが，この会話はクライエ
ントに「このカウンセラーは話しやすいな」と感じてもらう
→信頼関係の構築を目指している。

　（参考までに，別の見方をするとこの会話は「暴力を振るう
息子は，料理好きな息子でもある」というクライエントが思
い込んでいる息子像から別の息子像に思い至るという，ナラ
ティヴの変化を促す会話でもある。また，SFA 的には，息子
と父母には「一緒に料理を作るような関係がある」との発見
が，解決を構築するきっかけになるかもしれない。）

第6章

役割で指導・助言しなければ ならない場合など

6－1　指導・助言すること

　心理療法や相談ではほとんどないが，立場上，クライエントに対して，何か叱責，指導することを期待される役割を担う場合がある。依頼を受けてという場合もあるが，クライエントが「叱責」「指導」されるのが当然と思い込んでいる場合もある。そういう時，クライエントの「悪い」「いけない」とされるところを聞かざるを得ない場合が多いが，叱責，指導するために聞くのではなく，「悪い」「いけない」ことを犯した「クライエントにとってのもっともな理由（事情）」を「万引きをほめる」見方，考え方で聞く。そして，クライエントに責任のあるところ，社会的に悪いとされることなどについては，しっかり指摘（叱責ではなく）した方がいい。その上で，クライエントの話から見つけたコンプリメントできるところを伝える。

　伝える場合は，できる限り「どうしてそういうことができたのですか？　どうやったの？」などと相手が自身の能力，才

能を自覚することを促す質問をするとよい。そうすることで，外形的にはクライエントを叱責，指導しているにも関わらずよい関係を作れる可能性が高まる。

　このやり方は，スクールカウンセラーなどをしていて，教師，保護者などから強制されてカウンセラーと面談することになったなどのまったく乗り気ではないクライエントと対応する際などに有効である。少し異なるが，面接に対して拒否的なクライエントとはじめて会話する時「私と話したくないんだね。それじゃ，二度と私と会わないためにはどうすればいいか相談しようか」と言うと面接をはじめられたりする。結果「また会おうか」となることがよくあった。

6-2　「取り調べ」について

　私は警察で少年相談を担当していたことがあるが，その時「取調支援」という業務を依頼されることがあった。刑事事件の取調官に取調の助言をする役割だったが，実のところ精神的，心理的に問題を抱えているかもしれない被疑者についてその可能性を助言する他には，私の助言などほとんど不要だった。本当に優秀な取調官は全員「共感的理解」がとびぬけて得意で，被疑者から信頼され頼りにされる関係を見事に作っていた。取調官がカウンセリングとか心理療法を学ぶことなどほとんどないが，被疑者の考えていること思っていることを（共感的に）理解する能力は驚くばかりだった。

　共感的理解ができるとどうして優秀な取調官になるのかというと，犯罪を犯した人には，それまでの人生で疎外され，差別され，自分のことをわかってくれる人に出会ったことがほとんどない人が極めて多いため，真剣に自分を理解しようと

してくれる人に出会うと，その人が自分の犯罪を厳しく追及する人であっても，強く惹かれこころを開くようになるものと思われた。いわゆる「死体なき殺人事件」の被疑者が取調官に死体を埋めた場所を自白したケースが複数あった。被疑者自らが埋めた現場に案内して捜査員達が探してもなかなか見つからない時など，ワゴン車の中で待っていた被疑者は隣に座った取調官に「絶対ここにある」と涙ながらに訴え，数時間後，数メートル離れたところから遺体が見つかると，手を取り合って喜んだという。その後，被疑者は取調官に事件のすべてを話し「お世話になりました」と言い残して留置場を出て裁判のために拘置所へ行った。

　ちなみに，殺人を自白している被疑者でも取調官に共感的に理解してもらっていると感じていない被疑者は被害者を殺害した動機について本当のことを話さないことがままある。周りからはとても仲がよいと評判だった夫婦の妻が夫を殺害した事件で，お金目的で殺害したと自白していたが，それにしては金額があまりに少なすぎた。取調が進んで被疑者が取調官にわかってもらえたと感じて，はじめて「長年にわたり，酔っぱらって料理が不味いとか家の中が汚いとか怒鳴られ，作った料理を投げつけられたり，暴力を振るわれていた」などと本当のことを話した。「殺人を自白しても本当の動機は言いたくない」とは，人の心の複雑さであるが，それにまして「共感的理解」が人の心をひらく力に驚いた。

第7章

コミュニケーションに関する理論

　本書で示した面接法の背景にある理論と実際の面接の際に心得ておいた方が役立つと思われる「人と人のコミュニケーション」についての理論のいくつかについて簡略に示す。

　最初の３つは，本書の背景にある理論である。特に，７－２では，クライエントとの関係の作り方に関する臨床心理と社会福祉の立場からの理論が驚くほど共通しており，人間関係形成についての本質的な原理に辿りついていると思われることを指摘した。

　７－４以降の３つの理論は，実際に心理的面接，対人支援をする際に私自身が参考にしているものである。ただし，この理論を使ってクライエントの抱える問題に対応するわけではない。この理論を参考にしてクライエントの置かれた状況を理解することで，カウンセラーである私がクライエントの言動に驚いたり，動揺することを回避できて落ち着いてクライエントの話を聞け，理解できる可能性が高くなるということである。興味がある人は，文中に示した参考文献にあたってもらいたい。もちろん，人と人のコミュニケーションについての理論は他にも多数ある。

　最後の７－７は，本書で書いた面接法が心理療法でどのような位置づけになるか「心理療法の効果」の研究から考察し

た。

7−1　「カウンセラーの中核条件」（ロジャーズ）[16]

　カウンセリングや相談などでは，ロジャーズが指摘した「傾聴」「共感（的理解）」「受容」が大切と言われ続けてきている。さらに，最近では教育，福祉，医療，営業，経営など社会のあらゆる対人関係の場で，コミュニケーションを図るためにこの3つが必要と指摘されている。そこでは「カウンセリング・マインド」という言葉も使われている。この言葉は氾濫状態で，使っている人が何を意味しているかちゃんと理解しているかどうかかなり怪しい。カウンセリング・マインドは，まあ，とりあえずこの3つを指しているように思われる。

　ロジャーズがこの3つをまとまった形で仮説として提示したのは，1957年の論文「治療によるパーソナリティ変容の必要十分条件」[17]である。そこには，

①カウンセラーとクライエントとの間に心理的接触があること

②クライエントは，「不一致」の状態にあること

③カウンセラーは，「一致」の状態（「純粋性」「真実性」「透明性」）にあること

④カウンセラーは，クライエントに「無条件の積極的関心」（受容）を持つこと

⑤カウンセラーは，クライエントに対し「共感的理解」をすること

⑥カウンセラーが「（③～⑤の）中核条件」を満たしているとクライエントに伝わっていること

⑦①〜⑥が一定の時間と回数，積み重ねられること

　という必要十分条件が示され，うち，③④⑤を特に「カウンセラーの中核条件」と言っている。「カウンセリング・マインド」というのは，先に挙げた「３つ」では不正確で，正確に言えば，この中核条件のことを指すのだろう。

　中核条件の③は，カウンセラーが自身の経験と自己概念が一致して統合できていることである（後に，ロジャーズは，真実さ，誠実さ（genuineness）と言い換え，⑤よりも重要とした）。④の「無条件の積極的関心」は，それまで「受容」と言っていたが誤解されやすいと，言い換えたもので，クライエントの経験しているすべての側面を相手の一部として温かく受け止めることを意味する。⑤は，この論文では，最も重要とした条件で，カウンセラーが治療場面でクライエントの経験や感情を正確に敏感に知覚し，その意味を理解する能力のことである。共感的であるとは，クライエントの世界をあたかも自分自身のものであるかのように感じ取り，しかもこの「あたかも〜のように（as if）」を失わないことであると述べている。なお，「共感」ではなく「（共感的）理解」であり，「理解」の方に重点があるのだが，なぜか日本では，最近まで「共感」という言い方をする人が多かった[18]。

　この中核条件を私なりに理解しようとあれこれ考え続けたところ，これは，「自分に偽りなく生き，クライエントがどんな人でも温かく受け入れて，クライエントの考え，気持ちをあたかも自分のことのように感じ取る」ということかと思われた……うわ〜！　厳しい条件だ。カウンセラーは高潔な「人格者」であらねばならない，いや，神様，仏様でなくてはならないと言っているような勢いすら感じる。私には，無理。

　ただ，よく見ると⑥に興味深い条件がある。私流に読み替えると，⑥で言っていることは「クライエントが，カウンセラーは神様[19]，仏様であると思う（誤解する）こと」ということではないか?!　一生懸命頑張れば，私も，カウンセリング中だけならば，神様，仏様までは行かなくとも「人格者」と「誤解」してもらえるようなことは，ごく稀にならば，あるかもしれないが……まあ，それもほとんど無理だなぁ。

　そう思っていところ，そこに救世主が現れた。

　SFA の創始者のひとりであるスティーブ・ドゥ・シェイザーは，その著書[20]で，「人と人のコミュニケーションはすべて誤解である。ただ，不運な誤解と幸運な誤解がある」というようなことを言っている。彼にとって，SFA というのは，少しでも幸運な誤解を生もうとする方法の一つだったのではないか，と，私は勝手に解釈している。

　例をあげると，コンプリメントの一つとしてよく使われる言い方に「よくご相談にいらっしゃいました！　どうやっていらっしゃることができたのですか？」という，クライエントが問題を解決しようとする努力への直接的コンプリメントと間接的コンプリメントがある。実は，このコンプリメントを使っている時点では，クライエントが努力しているのかどうかはわかっていない。相談に来訪したのだから努力しているのだろうという前提でコンプリメントしている。これがハマれば，クライエントは自分の努力についてあれこれ話しはじめて自己効力感を高めたり，これまでの努力の中から効果的なやり方を見つけたり，新しい解決法を自分で探したりするようになる可能性がある。そういうことを期待，意図してコンプリメントしている。これは，幸運な誤解を生む努力とも言えるのではないだろうか。ちなみに，ハマらなければ，「そ

うですか」と受け流すだけのことである。

　また，クライエントのことはクライエントが専門家なのでクライエントに教えてもらうということで，クライエントにワン・ダウンの立場で質問するのが SFA のやり方（知らない姿勢）だが，知ろうと質問することは，結果として，一生懸命クライエントの話を聞くことにつながって，クライエントは「この人は私の話を一生懸命聞いて理解してくれようとしている」と感じて（誤解して）もらえる可能性を高める。

　その結果，この本で示した面接法──①知らない姿勢，②共感的理解，③コンプリメント，④ Topic Select Talk（TST）──で面接すると，ロジャーズの「カウンセラーの中核条件」と条件⑥を満たす面接ができる可能性が高くなる。

7 - 2　ロジャーズとバイステック

　バイステックは，社会福祉分野では現在でも基本文献とされ広く知られている『ケースワークの原則』[21] を書いた F・P・バイステックである。ケースワーク（社会福祉）の人であり，いわゆる心理臨床の世界ではあまりなじみがない。ただ，同書でバイステックが述べている「援助関係を形成する 7 つの原則」は，前項の論文でロジャーズが述べていることと本質的に同じと思われる。

　「援助関係を形成する 7 つの原則」とは，

　原則の名称
　（　）内は第 1 の方向：クライエントのニード
　①クライエントを個人として捉える（一人の個人として迎えられたい）

②クライエントの感情表現を大切にする（感情を表現し解放したい）

③援助者は自分の感情を自覚して吟味する（共感的な反応を得たい）

④受けとめる（価値ある人間として受けとめられたい）

⑤クライエントを一方的に非難しない（一方的に非難されたくない）

⑥クライエントの自己決定を促して尊重する（問題解決を自分で選択し，決定したい）

⑦秘密を保持して信頼感を醸成する（自分の秘密をきちんと守りたい）

第2の方向：ケースワーカーの反応
・ケースワーカーはクライエントのニーズを感知し，理解してそれらに適切に反応する

第3の方向：クライエントの気づき
・クライエントはケースワーカーの感受性を理解し，ワーカーの反応に少しずつ気づきはじめる

　この原則の③④⑤が意味している内容は，ロジャーズの「必要十分条件」の③④⑤の内容とほぼ同じだろう。また，「第3の方向：クライエントの気づき」はロジャーズの必要十分条件の⑥「カウンセラーが『中核条件』を満たしているとクライエントに伝わっていること」とほぼ同じである。
　実は，2人の論文と著書は，いずれも1957年に書かれている。また，バイステックは大学で教鞭をとっているがイエズス会司祭でもあり，ロジャーズは司祭・牧師にはなってい

ないが，牧師になろうと神学校へ入ったのちに臨床心理学の実務，研究者になっている。

　2人は，心理臨床，社会福祉という別々の方向から，人間関係形成についての本質的な原理に辿りついていると思う。その原理は深いもので，現在の心理臨床，社会福祉の世界でもほぼそのまま通用している。というか，当たり前のこととして受け入れられているといっていいかもしれない。

　すなわち，2人とも，クライエントは「自分のことをわかって（理解して）もらいたい，わかってくれる人がいてほしい」と強く願っていると指摘していて，カウンセラーがどうすれば「わかっているよとクライエントに伝えられるか」を述べているように思う。どんなまずい状態になっている人もいけないことをした人も，自分のことをわかってもらえたと感じると，そこで初めて自分の状態，したことを振り返り，どうすればいいか考えたり，内省することができるようになる。それは，洋の東西や時代を超えてそうなっているように思う。

　私がこの本で示した「知らない姿勢」「コンプリメント」「TST」も，クライエントを共感的な姿勢で理解する方法と理解しようとしていることを伝える方法である。

　もっとも，私には論じる能力はないが，この2つの著作には，2人が感じていた当時のアメリカの時代精神が反映しているとも思われるので，それに伴う限界があるかもしれない。

7－3　SFAとナラティヴ・セラピー

ソリューション・フォーカスト・アプローチ

　SFAは，インスー・キム・バークとスティーブ・ドゥ・シェイザーを中心として，アメリカ・ミルウォーキーで開設さ

れた BFTC（Brief Family Therapy Center）において生み出された心理療法である。

　BFCT では，その初期には，MRI* で学んでいたシェイザーが，MRI で開発された家族療法，ブリーフセラピーを基に心理療法を行っていた。MRI は，統合失調症に関する「ダブルバインド理論」を提唱したG・ベイトソン（文化人類学者）の強い影響のもと，P・ワツラウィック（ユング研究所で分析心理学を修めた）らが，コミュニケーション理論などにもとづく新しい技法やミルトン・エリクソンに源がある「逆説的介入」などその他の独創的な手法を作り出し家族療法に大きな進展をもたらしたり，ブリーフセラピーとよばれる斬新な心理療法を展開した研究・研修機関である。ナラティヴ・セラピーの中心人物のひとりとされるマイケル・ホワイトもオーストラリアからやって来て MRI で学んでいる。

　シェイザーらの BFCT のホームページ（現在はないが）には，冒頭に "Solution Since 1982" と掲げられ「このセンターは，非営利の研修および研究機関として 1978 年に法人化され，ウィスコンシン州認定の外来メンタルヘルス・クリニックも運営していました。『解決に焦点を当てたブリーフセラピー（Solution-Focused Brief Therapy）』という用語は，クライエントが『問題の例外』を提示していることを私たちが発見した 1982 年に初めて作られました」と書かれていた。

　SFA は，「問題の原因と解決は無関係なので，原因にかかわりなく解決を構築することができる」という発見が基本にある。普通の科学での因果律「問題には原因があり，原因を探り，それに対処することで問題を解決する」，家族療法での円環的因果律「問題の原因と結果は円環的（いわゆる悪循環）なので，その循環に対処する」，MRI でのブリーフセラ

ピーの「問題を解決しようとする努力が問題を維持すること
になっている（解決が問題）ので，それを解消する介入をす
る」などの考え方では，いずれも問題の「原因」が何で，ど
うなっているかを探ることが必要になる。しかし，SFA はそ
のような「原因」追究にはまったく関心を向けず，原因追及
をしなくとも「解決」（を構築）することができるという発
見をした。そして，そのための方法として，コンプリメント，
例外探し，スケーリング・クエスチョン，ミラクル・クエス
チョンなどの技法を開発した。

　ナラティヴ・セラピー

　ナラティヴ・セラピーは，『臨床心理学中事典』（遠見書房,
2022）によれば「ナラティヴ（物語, 語り）の治療的なはた
らきを生かした対人援助や心理療法のなかで，社会構成主義
（Social constructionism）を理論的背景においた家族療法
の展開形」[22] とされている。

　主に 3 つの流れがある。いずれも，家族療法の影響を受け
て生まれたもので，おおむね 1980 年代に始まっている。

　1 つは，マイケル・ホワイト（オーストラリア）とディヴ
ィド・エプストン（ニュージーランド）による「書き換え療
法」である。「書き換え療法」[23] では，

①その人の人生や人間関係を貧しいものにしている知識や
　物語（ドミナント・ストーリー）から, その人自身が〈離
　れられるよう〉手助けする

②その人が服従を余儀なくされている自己や人間関係に
　〈対抗できるよう〉援助する

③その人にとって望ましい結果をもたらすオルタナティヴ

　な知見またはストーリーに沿った方向で，自分の人生を
　〈書き換えられるよう〉励ます

　という流れでクライエントの悩みの解決の援助をする。主
に①の際に使われるのが，エプスタインたちによって「外在
化」と名づけられた手法である。
　2つ目は，ノルウェーで家族療法を試みていたトム・アン
デルセンたちにより導入された「リフレクティング手法」の
流れである。この手法は，家族療法で行われていたカウンセ
ラーと家族が面談している様子を他のスタッフがマジックミ
ラー越しに観察し，休憩を取るなどしてカウンセラーとスタ
ッフが話し合って家族に助言するという方法に違和感を感じ
ていたアンデルセンが，マジックミラーを取り払い家族の前
でスタッフの話し合いを行ったり，家族もスタッフの話に質
問，意見などを言えるようにしたものである。そのことによ
ってカウンセラーやスタッフ主導ではなくなり，家族（クラ
イエント）とカウンセラー，スタッフが対等に会話すること
で，問題を多面的に見たり考えたりできるようになり，さら
に，新たな解決方法（オルタナティブ・ストーリー）が生み
出されるようになった。
　3つ目は，ハーリー・グーリシャン，ハーレン・アンダー
ソンらが，アメリカ・ヒユーストンのガルベストン家族研究
所において開発した「治療的会話」「コラボレィティヴ・言
語システム」などと称される姿勢，方法である。これは，ク
ライエントの話，訴え（問題）を何らかの理論に基づいて解
釈する態度で聞くのではなく，「知らない姿勢」でクライエ
ントが何を語っているのか，その語り，ストーリーを素直に
教えてもらおう，理解しようとする態度で質問しながら聞く

（会話する）ものである。そういう風にクライエントとカウンセラーが会話を続けると，会話の中からクライエントの困りごとやクライエント自身についての新たな理解が生まれ，その理解をもとにした新たな意味づけ，可能性（オルタナティヴ・ストーリー）が生成される，とする。

　SFA もナラティヴ・セラピーも，カウンセラーがクライエント（たち）に対して，従来とは異なった専門家として対応する。両者の関係は，専門家が困りごとを抱えている人に，専門知識に基づき助言したり，指導するという上下のある関係ではなく，「カウンセラーはクライエントに対してワンダウンの立場から導く」とか「クライエントは自分自身と自分の問題の専門家なので，カウンセラーはそれを教えてもらう立場にある」などと表現される関係になる方法を駆使する。カウンセラーはそういう方法を駆使できる（会話法の）専門家ということである。これは，ロジャーズ的なクライエント中心の心理療法の考え方，方法と共通するということもできると思う。

7-4　「コミュニケーションの公理（試案）」[24, 25]

　ポール・ワツラヴィック他著の『人間コミュニケーションの語用論』[26] は，「ダブルバインド理論」で知られているが，同書には「コミュニケーションの公理（試案）」も書かれている。この公理は，カウンセラーとしてクライエントと会話する時にもかなり参考になる。以下，同公理を要約すると，

　①人と人がいるとき，コミュニケーションしないことはで

きない

②すべてのコミュニケーションには,「報告（内容）」と「命令（関係）」が含まれている

例：「車が来た！」→「車が来た」という〈報告〉と，例えば「逃げろ！」「乗ろう」という（状況によって異なる）〈命令〉。

③コミュニケーションしている当事者間のやり取りのどこを「分節化」するかによって，当事者にとっての事実は違ってくる（分節化の違いによる事実の違い）

例：行動力のない夫と口うるさい妻

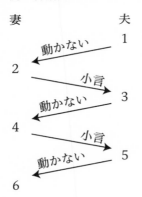

・〈1-2-3〉〈3-4-5〉と分節化すると「夫が動かないから小言を言う」と妻の言い分（妻にとっての事実）

・〈2-3-4〉〈4-5-6〉と分節化すると「妻が小言を言うので動けない」と夫の言い分（夫にとっての事実）

④人のコミュニケーションは,「デジタル・コミュニケーション」と「アナログ・コミュニケーション」によって行われている

「アナログ・コミュニケーション」は，言葉を使わないすべての動作，表情，声の抑揚，リズム……によるコミ

ュニケーションで,「デジタル・コミュニケーション」に意味を付与する（関係を定義する）が, その付与は「デジタル・コミュニケーション」による報告のように明確ではない。逆に,「デジタル・コミュニケーション」は, 明確な報告は可能だが, その意味（関係）することについては, 伝えることができない。

「愛している」という言葉（デジタル・コミュニケーション）だけでは, その意味することを正確に伝えることはできない。例えば, 長く付き合っている間柄で「愛している」に続いて「結婚してください」か, 知り合ったばかりで「愛している」に続いて「なんちゃって, アハハ」か。

⑤人がミュニケーションしている時の相互作用の関係は「対称的（シンメトリー）」か「相補的（コンプリメンタリー）」かのどちらかである。

　例：
「対称的コミュニケーション」
A「私は強い」, B「私の方が強い」, A「私の方がもっと強い」, B「私の方が強力だ」……
「相補的コミュニケーション」
A「私は強い」, B「守って下さい」, A「私の指示に従え」, B「何があっても従います」……

①は, 人が何らかの形で接触があれば,互いにコミュニケーションしてしまう, という当たり前のことを言っている。だが, あらためて考えてみると, カウンセリングで会った瞬間から何も話さなくてもコミュニケーションしてしまう。ライ

ンやメールで既読無視，返信なしなどもコミュニケーション
になってしまう。どんな姿形でクライエントと会うか，SNS
をどう使うか，人との接触を業務にしている対人援助職とし
ては心しておかなくてはならないところである。

　②も当たり前と言えば当たり前だが，④と合わせて考える
必要がある。どんな「報告」であっても必ず「命令」が含ま
れているし，命令が何なのかはそれまでの「状況」（文脈）や
「アナログ・コミュニケーション」によって推定するしかな
い。クライエントの話すことも，カウンセラーの話すことも，
そうなっていることを十分にわきまえておかないと，クライ
エントを「理解」することも，「理解しようとしていること」
を伝えることも難しい。わきまえていても，先に述べたスティー
ブ・ドゥ・シェイザーの「誤解」が生じる。なので，幸
運な誤解が生じることを祈念しつつ会話を続けることになる。
決して，必ずうまくいくなどと思ってはいけない，上手くい
くことを願って最大限の努力をするしかない。

　③は対人トラブルの際に頻発するコミュニケーションの状
況である。こうなっている可能性があると承知しているだけ
でトラブルの状態がよく理解できるようになる場合が多い。

　⑤は，「対称的コミュニケーション」→「対立関係」，「相
補的コミュニケーション」→「主従関係」ということで，人
のコミュニケーションの相互作用では，「対立関係」か「主従
関係」しかないことを意味している。「対等関係」はないので
ある。ちょっとショッキングな話とも言えるが，ここでの相
互作用は，その瞬間，瞬間の関係であり，時間経過を含めて
考えると，今は「対立関係」でも次には「主従関係」になり，
しばらくすると「逆主従関係」になることもある。外では妻
に向かって命令口調でいばりまくっている夫が，家では妻の

命令に素直に従っているとか，練習中は選手にどなりまくっているコーチが，寮では選手からゲームで負かされまくっているとか，ある時間範囲でみると「主従関係」「逆主従関係」が同じ分量になっていると「対等関係」と言える。そうでなくなると，ハラスメント，虐待，いじめなどにつながることになる。「対立関係」は，お互いの社会的，物理的な力関係によって「主従関係」に移行したり，関係自体が解消されてしまうことが多いが，その関係が続いてしまうとリアルな暴力沙汰になってしまうこともある。

7 – 5 「心理学的支配」と「学習性無力感」

①心理学的支配

心的外傷に関する記念碑的著作であるジュディス・L・ハーマンの『心的外傷と回復』[27] にある「心理学的支配」の項では，その心理機制が極めて詳細，緻密に展開されているが，ここでは，その骨組みをごく簡潔に紹介する。

被支配者はおおむね次のような段階を経て心理的に支配される。

　①支配者の指示・命令に逆らうことができなくなる
　②支配者の意向をうかがった言動を取るようになる
　③自分から支配者の支配に服する

最終段階では，きわめて強固な「支配 – 被支配」関係が形成され，被支配者は支配者が考え望む通りのことを何でも，たとえそれが犯罪行為であっても，実行してしまう。

　信じ難いことかもしれないが，私が承知している事件では，DVの被害者になっている妻が，支配者である夫に完全に心理的に支配されると，妻自らが実の子どもを夫の性交渉の対象として進んで提供するということもあった。そこまでひどくはなくとも，DVの被害と子どもの虐待が重複しているケースでは，「心理学的支配」を受けている妻が夫の考えや行動を先取りして夫の代わりに自ら子どもを虐待していると考えられる場合も少なくなかった。

　ハーマンによれば，この「心理学的支配」の過程では，以下に述べる「無力化」と「断絶化」が行われている。

無力化

　人が心理的に支配される過程では，まず，被支配者は，例えば，直接的な暴力，巧みな脅迫・誘導などにより，強い恐怖感を与えられ，逆らえば何をされるかわからない強い不安を感じ，恐慌状態に陥れられ「心的外傷」を受ける。そして，自分はまったく無力で逆らえないと思い込まされる。この「逆らえない」は，実際にそうであることも，被支配者がそう思い込んでいるだけのこともある。

　深刻な「いじめ」にあっている子どもの場合などでは，外から見ればいくらでも逆らえるのに，暴力が怖いとか逆らえば皆から仲間外れにされるなどと脅えてしまい，逆らえないと思い込んでいるケースが多く見られる。DVでは，男女の体力的な差のために逆らえないということに加え，経済的に自立できないとし，逆らうことができないと思い込んでいる女性も多い。

　また，「虐待」の場合は，被害者である子どもも高齢者も，その生活のほぼすべてを虐待する者に全面的に依存しており

「逆らうことができない」状態に置かれている。パワハラ，セクハラ，アカハラなどの場合も，各種の施設入所者も，似たような状況に置かれているといってよいだろう。これらの人たちは，その生活の場そのものが「無力化」されているともいえる。

「無力化」した被支配者は，支配者の言動に敏感になり，その意向をうかがい歓心を買うような言動を取るようになる。

断絶化

続いて，逆らえなくなった被支配者に対してその対人関係を断ち切るように仕向ける。これを「断絶化」という。

断絶化も，無力化と同じく実際に他者とのつながりを物理的に困難にしても，「助けを求めることができない」と思い込ませても同じである。

「虐待」の場合は，被害を受けている子どもや高齢者に他者へ助けを求める能力が欠けていたり十分でなかったりする場合が多いだろう。「いじめ」では，「助けて」と言うことが，自分の無力さを認めることになり情けない・恥ずかしい・周りに迷惑をかけるなどと思っていたり，以前，小声で言ってみたけど助けてくれなかったし今度だって誰も助けてくれないと思い込んでいたりする（事実，そうであることも少なからずある）。

DVのケースでは，夫によって親族・友人・知人等と交際することを禁止されている妻がしばしばいる。パワハラ，セクハラ，アカハラ，施設入所者でも，他の人や外部に被害を訴えるのが極めて困難で，事実上その道をふさがれていたりできないと思い込んでいるケースは多い。

「断絶化」を行えば「無力化」も容易になる。両方を繰り

返すことで，被支配者を徹底的に無抵抗で孤立無援の状態にし「心理学的支配」を継続，深化させる。特に，③の段階まで深化してしまうと，外見的には，被支配者が自分の意志で支配者に従っているように見える。しかし，自分の意志で従っているならば，逆らうこともできるはずなのだが，逆らおうとすると，支配者によって強力な「無力化」が行われ，逆らうことができないようにされる。そして，鍵のある部屋に閉じ込められているわけでも手錠でつながれているわけでもないのに，その支配から逃れることが極めて難しい状態にまでなってしまう。

　②「学習性無力感」[28]

　「心理学的支配」と似た心理機制に「学習性無力感」がある。どちらも，強固な「支配−被支配」関係がどのように形成されるかについての心理機制である。この2つの心理機制について整理してみたい。

　次項目で述べるL・E・ウォーカー[30]によれば，DVの被害女性には「学習性無力感」が生じていることが多く，そのために「DVのサイクル」から抜け出せないでいるという。「学習性無力感」とは，マーチン・E・P・セリグマンらによって，最初は実験的心理学の分野においてイヌの学習実験で発見され提唱，展開された心理機制で，〈人間が抑うつや無力感・無気力の状態に陥るのは，どうしても避けることのできない嫌な出来事・状況に置かれたという先行経験により学習されたものである〉とされている。ウォーカーは，DVの被害女性も男性配偶者による暴力，暴言，経済的支配などによって「どうしても避けることのできない嫌な出来事・状況に置かれ」た体験のために「学習性無力感」に陥ってしまい，暴

力的な支配を回避したり，抵抗する行動が取れなくなっているとしている。

　一方，セリグマンらはその著書 28 で，ウォーカーが指摘しているDVの被害女性の「学習性無力感」は，本来の「学習性無力感」とは一部合致するが完全には合致しないと述べている。また，「学習性無力感」は「心的外傷体験が引き起こす無力感，受動性とは異なる」とも述べており，「心理学的支配」とは異なる心理機制としている。しかし，実験的心理学を出発点とする「学習性無力感」の理論と分析的精神医学を出発点とする「心理学的支配」の理論はつながっていると考えられる。

　「学習性無力感」は「どうしても避けることのできない嫌な出来事・状況に置かれ続けたことによる学習」といい，「心理学的支配」は「『無力化』と『断絶化』の繰り返しにより支配が深化する」という。ハーマンの「心理学的支配」では，「無力化」は，繰り返し「心的外傷」を生じさせるような「力」によって行われるとされている。とすれば，「学習性無力感」と「無力化」の違いは，「心的外傷」を生じさせるまでもない「嫌な出来事・状況」にさらされるか，「心的外傷」を生じさせるような出来事・状況にさらされるかによる違いということだろう。

　このように「学習性無力感」は「心理学的支配」の「無力化」と類似した心理機制と考えられ，「どうしても避けることのできない嫌な出来事・状況」にさらされることは共通しており，その「出来事・状況」が「心的外傷」を生じさせる程度のものか否かという違いだとすれば，この2つの心理機制は，「出来事・状況」の程度（被害者がどう受け止めるかということも含め）によって連続していると言ってよいだろう。

学習性無力感の実験 [29]

　2頭のイヌを別々の箱に入れ，2頭同時に電気ショックを与える。イヌAは箱にあるパネルを押せば電気ショックを止めることができるが，イヌBはできないようになっている。さらに，Aが電気ショックを止めれば，Bの電気ショックも止まるようにしておく。そのため，A，Bが受ける電気ショックの回数と時間は同じである。その後，2頭のイヌを前記とは異なる別々の箱に入れる。この箱は，柵で2つに区切られており，光を合図に電気ショックが与えられるが，柵を飛び越えれば，電気ショックを避けられるようになっている。その結果，Aは光を合図に柵を飛び越えることを学習したが，Bは学習できず，座り込んでしまい，受動的に電気ショックを受け続けてしまった。

7-6　「DVのサイクル」について

　「DVのサイクル」は，L・E・ウォーカーの『バタードウーマン—虐待される妻たち』[30] に書かれた心理機制である。

　DVは，domestic violence（家庭内の暴力）の略である。家庭内で起こる暴力は，〈夫婦間暴力〉と〈親子間暴力〉に分けることができる。

　日本で「家庭内暴力」と言えば，子どもの親に対する暴力を意味することが多く，DVは夫の妻や子どもに対する暴力を指すことが多かったが，近年ではこの意味での「家庭内暴力」という表現はあまり見られず，妻の夫への暴力も増加していて，家庭内の暴力はどれも「DV」と呼ばれるようになっている。

　ただ，ここで述べるDVのサイクルは，主に夫婦（カップ

ル）間の暴力についての心理機制である。

①事件の背景

妻の「夫殺し事件」の場合，他に男ができて夫が邪魔になったという動機もあるし，夫に保険金をかけてその金目当てに殺害ということもあるが，そのような場合も含めて，事件が起きる前，長期にわたって，夫の妻に対する暴力が続き，事件は，いわば「窮鼠猫を噛む」行動の場合がかなり見らる。

「夫の暴力がひどいならば，別れてしまえばいいのに」ということになるが，実は，経済的な事情のほかにも，なかなか別れられない理由がある。

② DV のサイクル

このような夫婦や同棲カップルは，多くの場合，

１）急性暴力期
２）懺悔とハネムーン期
３）緊張形成期

のサイクルを繰り返している。

「急性暴力期」は，男性の暴力が爆発する時で，期間的には短いが，女性に入院治療を必要とする大怪我をさせたり，殺害に至ることもあり得る。

暴力を爆発させ，女性を傷つけたり，女性が逃げ出したりすると，男性は，「俺にはお前が必要だ」とか「お前なしでは生きられない」など，必死に謝って女性に許しを請うし，後悔して極端に優しくなる。これが，「懺悔とハネムーン期」で，女性は，この時期の男性の優しさに心を動かされてよりを戻

す。

　しかし，それは，一時的な蜜月に過ぎず，男性が生活上の
ストレス等を女性への暴言や小さな暴力で吐き出す「緊張形
成期」に入る。この時期は，男性の態度がそれまでの蜜月と
大きく違うため，その変化に耐えられない女性が衝動的に男
性を激しく攻撃することがあり，殺害に至る場合もある。し
かし，多くは緊張状態が続き，ついには「急性暴力期」が再
来する。

　③別れられないわけ

　「懺悔とハネムーン期」があるために，女性は「あの人は本
当はやさしいんだ」とか「あの人が暴力を振るうのは，私が
いけないんだ」などと考えてしまう。また，男性も女性が戻
ってきてくれるので，自分の問題を真剣に反省しない。その
結果，ずるずると関係が続くことになる。

　このずるずる続く関係は「共依存」ともいわれる。これは
「問題のある人」とその「支え手」との相互依存的な人間関係
のことで，最近はそうでもないが，多くの場合，男性が「問
題のある人」で，女性が「支え手」となる。すなわち，男性
には，アルコール・薬物依存，ギャンブル好き，仕事が長続
きしない等さまざまな問題があり，女性は，問題がある人だ
けれども，私を必要としてくれる本当は優しい人と，支える。
加えて，子どもを抱えているなど経済的な理由もあってなか
なか別れられない場合もある。

　男性から女性への暴力として述べたが，肉体的な暴力だけ
ではなく，精神的，あるいは経済的な虐待もあり，近年では
立場が逆の場合も増えている。心理機制としてはほぼ同じと
考えてよいだろう。

7－7　心理療法の効果要因について

　私は非行臨床などの心理臨床の現場で仕事をして45年を超え，いわゆるカウンセリングを中心業務として30年を超える。この本では，その中で，学んだこと，実践してきたこと，学生に指導したり研修会で伝えてきたことの中から面接法について整理しまとめた。その文脈で言えば，私的には「使える」し，「効果がある」し，教えることもそう難しくないやり方である。

　では，この方法は心理療法の歴史の中ではどのような位置づけになるのか，本書を書くにあたって調べてみた。その結果，すでに述べたように，自身の自覚としては，この方法は「SFA」および「ナラティヴ・セラピー」に基礎があるが，加えて，「心理療法の効果要因」についての研究の中にも位置づけられるだろうと思われた。

　ただ，本書は効果要因の研究について述べるものではないので，「心理療法の効果要因」での位置づけについて，参考にした文献とそこから私が読み取った概要を記載するにとどめる。

　参考にしたのは，主に心理療法の効果要因研究についての比較的最近のレビュー論文である [31, 32, 33, 34, 35, 36, 37]。

　このテーマについての活発な研究と論議は，20世紀半ばの1952年に「モーズレイ性格検査（MPI）」の開発で高名なH・J・アイゼンクが7,000ケースを対象とした19の効果研究を分析し，その75％の患者は2年以内に心理療法を受けずとも自然治癒していた，との衝撃的な結果を示したこ

とから始まったとされる。もっとも，それ以前にも，心理療法の流派間での効果の高低についての研究はあって「P-F スタディ」の開発者として知られる S・ローゼンツヴァイクが，1936 年に，すべての心理療法が同等に効果的であることを示唆する「ドードー鳥評定」と呼ばれるようになった推定を発表している。

　アイゼンク以降，活発になった研究により，心理療法には効果があるとの実証的，統計的なエビデンスが多数出て来たことで，その後は，心理療法には効果があることを前提に心理療法の何に効果があるのかが研究されるようになった。

　その研究は，心理療法の各流派に共通して存在していると考えられるカウンセラーとクライエントの関係を主な要因とする「共通要因」と，流派によって異なる理論・技法を主な要因とする「特定要因」のどちらが主な効果要因なのかという研究が中心であった。

　「共通要因」が主という主張は，精神分析，クライエント中心療法などの立場からで，「特定要因」が主との主張は，（認知）行動療法などの立場からで，両者は実証的なエビデンスをめぐって激しく論争した。

　当初は（認知）行動療法系統の研究者が行動療法が効果的であるとの実証的エビデンスを数多く発表し，今世紀はじめくらいまではかなり優勢であったが，その後，精神分析やクライエント中心療法などの立場の研究者からもさまざまな実証的エビデンスが提示されてきたということである。

　現在は，完全に決着がついているわけではないが，「共通要因」「特定要因」の双方に実証的なエビデンスがあることは認めざるを得なくなっている。そして，「共通要因」が重要な役割を果たしていることがおおむね共通した認識になり，問

題（症状）によって「特定要因」も大きな効果を持つというところに落ち着いているようである。

　これらの研究，論争では，心理療法の効果について科学的なエビデンスを示すことが重要視されてきている。これは，心理療法の社会的な需要の拡大に伴い，心理療法が，医療行為と同等かそれに近い社会的責任を担うことができ，代価を支払うだけの効果があるものなのかを説明，証明する必要が出て来たということだろうと思われる。

　なお，日本でもよく知られているM・J・ランバートの1992年の論文[31]で示された効果要因の割合は，

①セラピー外での変化＝40％
②期待（プラセボ効果）＝15％
③技法＝15％
④共通要因＝30％

としているが，これは統計的な手続きを経て得られたものではないと著者自身も述べており，数値の根拠についての批判がある（丹野の論文[34]）。

　ただ，三田村ら（2022）の論文[37]によれば，その後，Cuijpers, P.（2012）で公表されたより実証的，統計的研究[33]では，メタ分析で得られた効果量を基にして，心理療法の効果の割合の推定値を出しており，その結果，それぞれ，

①セッション外の効果＝33.3％
②非特異的要因（「共通要因」にあたる）の効果＝49.6％
③特異的要因（「技法」にあたる）の効果＝17.1％

という値が得られたという。

Cuijpers 論文[33] の「②非特異的要因」は 49.6% となっている一方，ランバート論文[31] の「④共通要因（30%）」に「②期待（プラセボ効果）（15%）」（これは，セラピストとカウンセラーの関係にかかる効果なので「共通要因」ともみなせる）を加えた値は，45.0% となっており両論文の結果はかなり近似している。

なお，鈴木ら（2010）[32] の論文では，これまでの効果研究では実証的なエビデンスにこだわるあまり，数値化できる効果を対象にして数値化できない効果は切り捨てられていると指摘している。そして，切り捨てられてしまった効果には大きな意味があることを重視していく必要があるとしている。

* MRI（Mental Research Institute）：1959 年にアメリカ・カリフォルニア州パロアルトで，「ベイトソン・プロジェクト（1953 〜 1963)」の中から作られた精神障害への新しい療法を研究，研修する機関。家族療法家のD・D・ジャクソン（初代所長，H・S・サリヴァンに学び精神分析家・神経科学者としてキャリアをスタート），ジョン・H・ウィークランド（化学分野出身の文化人類学者，ベイトソンの共同研究者）らによって設立された。

おわりに

　ポイントを絞り，わかりやすく，気軽にやってみることができる解説とワークにしたいと思って書いた。これまでの面接法入門とはずいぶん違った本になったと思う。

　ひとりワークと誰か話し相手がいればできるワークがほとんどなので，読むだけではなくぜひやってみてほしい。もしかすると，自分には合わないと感じるかもしれない。なかなかよいと感じるかもしれない。どちらにしても，自分の学んでいる，業務でしている面接（会話）を再考するきっかけになるかと思う。そこから得るものがあれば幸いである。

　最後に，どうしても指摘しておかなくてはならないと思うのでこの本で述べてきたことと矛盾するだろうことを書く。

　「心理療法の流派，対人支援の職種にかかわらず使える方法」と書いたが，厳密には，TST でどの話題，言葉を拾うか，コンプリメントでどこを伝えるかなどについては，流派，職種によって異なる。流派，職種だけではなく，カウンセラーその人によっても異なる。カウンセラーの性格によっても異なるということである。当然といえば当然のことであるが，このことは自覚しておいた方がいい。立場に偏りがないとか中立とかはあり得ない。立場と自身の性格について自覚しておくことで，柔軟で誠実な面接が可能になる。

　ちなみに，私自身は，SFA の面接をしているので，TST もコンプリメントも，クライエントのリソース（解決を作るの

に使えるかもしれないクライエントの能力，才能，技能，ものの考え方，見方……）を探すことに重点を置いている。性格的には基本傾向として粘着気質があると思っている。

　また，クライエントと良好な関係を作ってからクライエントが抱える問題に対処するというような流れがあるかのように単純化して述べてきたが，実際の心理療法，対人支援ではそのような流れになるとは限らない。関係を作りつつ対処，対処しつつ関係を作り直すなどごく普通にある。ただ，この本で示した考え方，技法はどの場面でも，例えば，SFA やナラティヴ・セラピーはもちろん認知行動療法，パーソンセンタード・アプローチ（来談者中心療法），分析的なアプローチ，家族療法などでも使えるし，近年広がりを見せているオープンダイアローグでも会話を支えてくれるだろう。また，心理支援だけではなく，教育，福祉，医療などの現場でも同様にみなさんの面接を効果的なものとしてくれるだろう。

　みなさんの周りで幸運な誤解が起きることを祈念している。

　謝　　辞

　この本を書くにあたって，1999 年から一緒に勉強してきた札幌の「解決のための面接研究会」のメンバーに最大の感謝をささげる。みなさんとの勉強の成果がこの本の多くの部分を占めている。また，みなさん業務を抱えて忙しい中，原稿を読んでくれて多くの有益なアドバイスをしてくれた。私の拙い授業でワークをしてくれた学生，研修会の参加者の方々に感謝する。みなさんからとても多くのことを学ばせていただいた。

　遠見書房の山内俊介氏に特別の感謝をしたい。同書房を設立する以前からお世話になって私たちの勉強会の本を担当し

てもらった。私のような者の独断で大変失礼と承知しつつ，心理学の本の出版者としてのセンスは抜群のものがある。本が売れるか売れないかももちろん気にしているが，出す本が今の心理臨床で必要か，役に立つかをしっかり判断している。遠見書房を設立した直後に「今，いい本ありますか？」と聞いた時，即答で自身が前の勤務先で担当した『会話・言語・そして可能性―コラボレイティヴとは？　セラピーとは？』[11] を推薦してくれた。すでに絶版になっていたので入手方法を教えてもらった。本は，現在，新装で再版されている（実は，参考文献にこの本をあげたところ勉強会のメンバー数人からこの本を絶賛する声があった）。この本や『ナラティヴ・時間・コミュニケーション』[4]，『カウンセリングのエチュード』[7] など遠見書房の初期に出版された本を読んだ衝撃が，私がこの少し変わった面接の入門書を書くことにつながっている。もし，この本が出版されてみなさんのお手元にあるとすれば，氏の眼鏡にかなったということであり，私としてはそれだけでうれしい。

著　　者

参考・引用文献

1 De Jong, P. & Berg, I. K.（2013, 2008）*Interviewing for Solutions, Forth Edition.* Brooks/Cole, Cengage Learning.（ピーター・ディヤング，インスー・キム・バーグ（2016）『解決のための面接技法　第4版』桐田弘江・玉真慎子・住谷祐子（翻訳），金剛出版.）

2 龍島秀広・阿部幸弘・相場幸子（2017）『（読んでわかる やって身につく）解決志向リハーサルブック―面接と対人援助の技術・基礎から上級まで』遠見書房.

3 ハーレン・アンダーソン，ハロルド・グーリシャン，野村直樹（2013）『協働するナラティヴ』遠見書房.

4 野村直樹『ナラティヴ・時間・コミュニケーション』（2010）遠見書房.（p.9～「01　基礎編　コミュニケーションとはなにか？」）

5 McNamee, S. & Gergen, K. J.（1992）*Therapy as Social Construction.* Sage Publication.（S・マクナミー，K・J・ガーゲン（編）（2014）『ナラティヴ・セラピー―社会構成主義の実践』野口裕二・野村直樹（翻訳），遠見書房.）

6 河合隼雄（1998）『心の処方箋』新潮文庫.（p.10～「1　人のこころなどわかるはずがない」）

7 岡村達也・小林孝雄・菅村玄二（2010）『カウンセリングのエチュード』遠見書房.（p.11～「第1章　治療的人格変化の必要十分条件　理解すること」）

8 「1」と同じ（同書 p.21）

9 「1」と同じ（同書 p.33）

10 「5」と同じ（同書 p.57）

11 Anderson, H.（1997）*Conversation, Language, and Possibilities: A Postmodern Approach to Therapy.* Basic Books.（ハーレン・アンダーソン（2001）『会話・言語・そして可能性―コラボレイティヴとは？　セラピーとは？』野村直樹ほか（翻訳），金剛出版．p.181 ～）

12 神田橋條治（1990）『精神療法面接のコツ』岩崎学術出版社． p.120 ～，p.143 ～

13 黒沢幸子（2002）『指導援助に役立つ スクールカウンセリング・ワークブック』金子書房．（p.8 ～「Lesson 1　リソースを探す」）

14 「4」と同じ（同書 p.60）

15 斎藤環・水谷緑（2021）『まんが やってみたくなるオープンダイアローグ』医学書院

16 「7」と同じ（同書 p.48）

17 Rogers, C. R.（1957）The necessary and sufficient conditions of therapeutic personality change. *Journal of Consulting Psychology*, 21; 1957, 95-103.（C・R・ロジャーズ（2001）「治療的人格変化の必要十分条件」In：『ロジャーズ選集―カウンセラーなら一度は読んでおきたい厳選 33 論文　上巻』伊東博・村山正治（監訳），誠信書房．pp.265-285）

18 「7」と同じ（同書 p.11 ～　「第 1 章　治療的人格変化の必要十分条件　理解すること」）

19 河合隼雄（1970）『カウンセリングの実際問題』誠信書房．（p.102）（＊岩波現代文庫の『カウンセリングの実際』は上記からの抜粋版（p.125））

20 Steve de Shazer（1994）*Words Were Originally Magic.* W.

W. Norton, New York.（スティーヴ・ディ・シェーザー（2000）『解決志向の言語学』長谷川啓三（監訳），法政大学出版局．(p.70 〜 「理解と誤解」)

21　Felix, P. & Biestek, S. J. (1957) *The Casework Relationship*. Loyola University Press.（P・フェリックス，S・J・バイステック（2006）『ケースワークの原則［新訳改訂版］—援助関係を形成する技法』尾崎新ほか（翻訳），誠信書房.）

22　野島一彦（監修）（2022）『臨床心理学中事典』. 遠見書房．（同書 p.334）

23　「5」と同じ（同書 p.126）

24　「4」と同じ（同書 p.9 〜「基礎編　コミュニケーションとはなにか？」)

25　龍島秀広（2013）「暴力と支配の心理学」『こころの科学』172，日本評論社．

26　Paul Watzlawick, & Janet Beavin Bavelas, Don D. Jackson (1967) *Pragmatics of Human Communication*. W. W. Norton.（ポール・ワツラヴィックほか（1998）『人間コミュニケーションの語用論—相互作用パターン，病理とパラドックスの研究』山本和郎（監訳）・尾川丈一（訳），二瓶社．pp.31-55）

27　Herman, J. L. (1992) *Trauma and Recovery*. Basic Books, Harper Collins, New York.（ジュディ・ハーマン（1999）『心的外傷と回復』中井久夫（翻訳），みすず書房.）

28　Christopher Peterson, Steven F. Maier, & Martin E. P. Seligman (1993) *Learned Helplessness: A Theory for the Age of Personal Control*. Oxford University Press.（マーチン・E・P・セリグマンほか（2000）『学習性無力感：パーソナル・コントロールの時代をひらく理論』津田彰（監訳），二瓶社.）

29 鹿取廣人・杉本敏夫・鳥居修晃（1996）『心理学（第3版）』東京大学出版会．（同書 p.72 〜）

30 Walker, L. E.（1979）*The Battered Women*. New York, Harpercollins.（L・E・ウォーカー（1997）『バタードウーマン―虐待される妻たち』斎藤学（監訳），金剛出版.）

31 Lambert, M. J.（1992）Psychotherapy outcome research: Implications for integrative and eclectical therapists. In: Norcross, J. C. & Goldfried, M. R.（eds.）：*Handbook of Psychotherapy Integration*. New York, Basic Books, pp.94-129.

32 鈴木菜実子・藤山直樹（2010）心理療法の「効果」に関する考察：実証的心理療法効果研究の観点から．上智大学心理学年報．

33 Cuijpers, P., Driessen, E., Hollon, S. D., van Oppen, P., Barth, J., & Andersson, G.（2012）The efficacy of non-directive supportive therapy for adult depression: A meta-analysis. *Clinical Psychology Review, 32*(4), 280-291.

34 丹野義彦（2013）Lambert（1992）心理療法の効果の割合批判．https://tannoy.sakura.ne.jp/lambertcritic.pdf（2024.3.10 閲覧）

35 岩崎久志（2017）心理療法の共通要因に関する一考察―現象学の視点から．流通科学大学論集―人間・社会・自然編，30(1), 25-40.

36 杉原保史（2020）心理療法において有効な要因は何か？―特定要因と共通要因をめぐる論争．京都大学学生総合支援センター紀要，49, 1-13.

37 三田村仰・谷千聖（2022）共通要因アプローチと心理療法のエビデンス．立命館人間科学研究，44; 79-91.

38 解決のための面接研究会ホームページ：https://
sfahokkaido.jimdo.com/

龍島秀広（りゅうしま・ひでひろ）

　1954年北海道生まれ，北海道育ち。「解決のための面接研究会」設立メンバー，臨床心理士，公認心理師。北海道大学文学部哲学科Ⅱ実験心理学専攻課程卒。元少年鑑別所・刑務所技官（心理職），コンピュータソフト会社，北海道警察少年課（心理専門官），北海道警察科学捜査研究所（犯罪者プロファイリング担当），北海道教育大学教職大学院准教授，北海道スクールカウンセラー研究協議会代表，現在，非常勤講師（北星学園大学，北翔大学）。

　主な著作

　『（読んでわかる　やって身につく）解決志向リハーサルブック──面接と対人援助の技術・基礎から上級まで』（遠見書房，共著），『みんな元気になる対人援助のための面接法──解決志向アプローチへの招待』（金剛出版，共編），論考「暴力と支配の心理学」『こころの科学』172号（日本評論社），論考「非行における臨床心理的地域援助──関係機関の連携方策について」『臨床心理学』第2巻第2号（金剛出版）

読んで学ぶ・ワークで身につける
カウンセラー・対人援助職のための面接法入門
会話を「心理相談」にするナラティヴとソリューションの知恵

2024 年 7 月 26 日　第 1 刷

著　　者　龍島秀広

発 行 人　山内俊介

発 行 所　遠見書房

〒 181-0001 東京都三鷹市井の頭 2-28-16
TEL 0422-26-6711　FAX 050-3488-3894
tomi@tomishobo.com　http://tomishobo.com
遠見書房の書店　https://tomishobo.stores.jp

印刷・製本　モリモト印刷
ISBN978-4-86616-196-9　C3011

©Ryushima Hidehiro　2024
Printed in Japan

※心と社会の学術出版　遠見書房の本※

遠見書房

ブリーフセラピー入門
柔軟で効果的なアプローチに向けて
　　　日本ブリーフサイコセラピー学会 編
多くの援助者が利用でき，短期間に終結し，高い効果があることを目的にしたブリーフセラピー。それを学ぶ最初の1冊としてこの本は最適。ちゃんと治るセラピーをはじめよう！ 3,080円，A5並

「かかわり」の心理臨床
催眠臨床・家族療法・ブリーフセラピーにおける関係性　　（駒沢大）八巻 秀著
アドラー心理学，家族療法，ブリーフセラピー，催眠療法を軸に臨床活動を続ける著者による論文集。関係性や対話的な「かかわり」をキーワードに理論と実践を解説。3,080円，A5並

システムズアプローチの〈ものの見方〉
「人間関係」を変える心理療法
　　　　　　（龍谷大学教授）吉川 悟著
家族療法，ブリーフセラピー，ナラティヴの実践・研究を経てたどりついた新しい臨床の地平。自らの30年前の冒険的な思索を今，自身の手で大きく改稿した必読の大著。5,060円，A5並

学校におけるトラウマ・インフォームド・ケア
SC・教職員のためのTIC導入に向けたガイド
　　　　　　　　　　　　　ト部 明著
ブックレット：子どもの心と学校臨床（9）ベテランSCによる学校のための「トラウマの理解に基づいた支援」導入のための手引。トゥラマの理解によって学校臨床が豊かになる。1,870円，A5並

パーソンセンタード・アプローチと
　　　　　　　オープンダイアローグ
対話・つながり・共に生きる
　　　本山智敬・永野浩二・村山正治編
パーソンセンタード・アプローチとオープンダイアローグとの比較やデモンストレーションから，心理支援のあり方に一石を投じる一冊。3,080円，A5並

ナラティヴ・セラピー
社会構成主義の実践
マクナミー＆ガーゲン編／野口裕二・野村直樹訳
新しい心理療法の時代は，家族療法の分野で始まった。待望の声がありながら版が止まっていたものを一部訳文の再検討をし復刊。今なお色あせない，一番新しい心理療法の原典。2,640円，四六並

呪医とPTSDと幻覚キノコの医療人類学
マヤの伝統医療とトラウマケア
　　（和歌山大学名誉教授）宮西照夫 著
伝説的シャーマンの教え，呪医による治療，幻覚キノコの集会……。マヤの地における呪医とキノコとトラウマケアをめぐるフィールドワークの集大成，著者渾身の一書。2,530円，A5並

マンガで学ぶセルフ・カウンセリング
まわせP循環！
　　　　　　東 豊著，見那ミノル画
思春期女子のたまひちゃんとその家族，そしてスクールカウンセラーのマンガと解説からできた本。悩み多き世代のための，こころの常備薬みたいに使ってください。1,540円，四六並

そもそも心理支援は，精神科治療とどう違うのか？――対話が拓く心理職の豊かな専門性（東京大学名誉教授）下山 晴彦 編
公認心理師の誕生で，心理支援のアイデンティティは失われてしまった。そんなテーマから生まれた対談集です。信田さよ子，茂木健一郎，石原孝二，東畑開人，黒木俊秀など。2,420円，四六並

N: ナラティヴとケア
ナラティヴがキーワードの臨床・支援者向け雑誌。第15号：オープンダイアローグの可能性をひらく（森川すいめい編）
年1刊行，1,980円

価格は税込です